Für meinen Vater

Meine Frau ist eine außergewöhnliche Belastung

Ralf Sikorski

Stilblüten und
Humorvolles
rund ums
Steuerrecht

mit Zeichnungen
von Philipp Heinisch

nwb
VERLAG NEUE WIRTSCHAFTS-BRIEFE · HERNE/BERLIN

ISBN 3-482-**52381**-9

© Verlag Neue Wirtschafts-Briefe GmbH & Co., Herne/Berlin 2003
http://www.nwb.de

Druck: Plump OHG, Rheinbreitbach

Vorwort

„Meine Frau macht Sonderausgaben und ist auch sonst eine außergewöhnliche Belastung." Wer aus der bedauernswerten Reihe von Berufsangehörigen, die sich mit dem Steuerrecht beschäftigen, kennt diesen Satz nicht? Unabhängig davon, ob er tatsächlich – wie die Legende sagt – von einem Steuerpflichtigen in einem Schriftwechsel mit dem Finanzamt verwendet wurde oder nicht: Schätze dieser Art liegen in allen Finanzämtern und in zahlreichen Akten über Steuerbürger und andere Leidensgenossen.

Viele Kolleginnen und Kollegen haben mir geholfen, diese Schätze zu heben. Glücklicherweise sind fast alle Beamten Menschen mit Humor, und in jeder Behörde gibt es Sammler, die entsprechendes Material aufbewahren. Für die Überlassung all dieser Unterlagen meinen ganz besonderen Dank. Es würde den Rahmen sprengen, sie alle einzeln aufzulisten, zumal viele Autoren der über Jahre angesammelten Beiträge unbekannt sind. Seien Sie versichert: ich habe jeden einzelnen Beitrag mit Genuß gelesen und mich über Ihre Unterstützung gefreut. Ich habe mich bemüht, eine Auswahl aus den mir zur Verfügung gestellten Unterlagen zu treffen, und hoffe, daß dieses Buch zum Schmunzeln anregt und zur Heiterkeit beiträgt. Das wäre doch für eine so ungeliebte Behörde wie dem Finanzamt mehr, als man erwarten kann.

Es ist aber auch ein Kreuz mit dem Steuerrecht! Angeblich beschäftigt sich über 50 % der steuerrechtlichen Literatur auf dieser Erde nur mit dem deutschen Steuerrecht. Fast 40 verschiedene Steuerarten (darunter so beeindruckende Steuern wie die Biersteuer) werden in mehr als 170 Gesetzen und noch mehr Verordnungen geregelt. Rund 2.600 Paragraphen finden sich allein in den wichtigsten Steuergesetzen, niedergelegt auf ebenso vielen Druckseiten. Allein für die Erstellung der Einkommensteuererklärung gibt es zur Zeit 25 verschiedene Vordrucke.

Darüber hinaus leisten der Gesetzgeber und die Verwaltung auch andere Beiträge. Wußten Sie, daß es eine „Verordnung über die Höchstbeträge der steuerlich begünstigten Herstellungskosten von Schutzräumen i.S. der §§ 7 und 12 Abs. 3 des Schutzbaugesetzes – Schutzbau-Höchstbetragsverordnung" und eine „Verordnung über die Offenlegung der Ergebnisse der Bodenschätzung nach dem Gesetz über die Schätzung des Kulturbodens – BodSchätzOffVO" gibt? Die EG-Richtlinie „zur Angleichung der Rechtsvorschriften der Mitgliedstaaten über land- und forstwirtschaftliche Zugmaschinen auf Rädern" liest sich wie ein Auszug aus einer Büttenrede:

„Ein Führersitz ist der einer Person platzbietende Sitz, der für den Führer bestimmt ist, wenn dieser die Zugmaschine führt". Die Sitzfläche ist „die nahezu horizontale Fläche des Sitzes, die die sitzende Haltung des Führers ermöglicht."

Ich habe viele Jahre lang an der Fachhochschule für Finanzen in Nordrhein-Westfalen unterrichtet und durfte mir in dieser Zeit eine Menge Fälle und Klausursachverhalte zum Steuerrecht ausdenken, die von den Studenten nicht selten mit dem Hinweis abgetan wurden: „So etwas gibt es im wahren Leben ja gar nicht." Stimmt. Heute bin ich Sachgebietsleiter in einem Finanzamt und darf feststellen: Das Leben selbst schreibt viel bessere Geschichten, die man nicht selten noch weniger glauben kann.

Dieses Werk kann nur auszugsweise wiedergeben, was auf den Schreibtischen einiger Betroffener gelandet ist. Alle Namen und Orte wurden natürlich verändert, um alle Persönlichkeitsrechte zu wahren. Sollten Sie ähnliche Schätze besitzen, wäre ich Ihnen dankbar, wenn Sie mir diese überlassen könnten. Einer erweiterten Neuauflage dieses Werkes sehe ich mit Freuden entgegen.

Ralf Sikorski

Wer liebt denn schon auf dieser Erde,
ich will mal sagen – die Steuerbehörde?
(Wilhelm Busch)

Der redliche Bürger erlebt seine Krise

mit diesem Staat

nicht bei der Polizei,

sondern beim Finanzamt.

Paul Kirchhoff

ehemaliger Bundesverfassungsrichter

Inhalt

Vorwort 5

I. Mysterium Steuerrecht 11

II. Der Finanzbeamte und sein Amt
... wie der Bürger es sieht 17

III. Der Finanzbeamte und sein Amt
... wie es wirklich ist 27

IV. Steuern und Erklärungen 53

V. (Selbst-) Anzeigen und gute Ausreden 77

VI. Die Ehe im Steuerrecht und (andere) außergewöhnliche Belastungen 87

VII. Einspruch, Euer Ehren! 95

VIII. Zahlen oder nicht zahlen 115

Zu guter Letzt 123

I. Mysterium Steuerrecht

Es ist komplizierter,
Kompliziertes zu vereinfachen
als Einfaches zu komplizieren.

Aus diesem Grunde ist auch nichts schwieriger,
als unser Steuerrecht zu vereinfachen

Anmerkung des Herausgebers

Der Satz des Pythagoras umfaßt 24 Worte, das Archimedische Prinzip 67, die Zehn Gebote 179, die amerikanische Unabhängigkeitserklärung 300 – und allein Paragraph 19a des deutschen Einkommensteuergesetzes 1862 Worte.

Erwin Huber, ehemaliger bayerischer Finanzminister

Anmerkung des Herausgebers:

Inzwischen hat allein ein einziger Satz im Einkommensteuergesetz, nämlich Satz 6 des § 2 Absatz 3 des Einkommensteuergesetzes, sage und schreibe 135 Wörter!

Steuern sind der Preis unserer Zivilisation.

Oliver Wendel-Jones, ehemaliger Richter am Obersten Gerichtshof der Vereinigten Staaten

Früher litten wir an Verbrechen,
heute an Gesetzen.

Tacitus

Neueintrag beim Handelregister am Amtsgericht Frankfurt a. M.

73 VR 11351 – 19.3.1998:

Verein gegen steuerrechtliche Dummheiten

Aus einem dem Finanzamt vorgelegten Grundstücksübertragungsvertrag:

In dem genannten Erbvertrag ist hierzu folgendes
bestimmt:

Der Betrag von 24 000 DM soll sich in dem Verhältnis
erhöhen oder ermäßigen, in dem sich der Preis für
ein Kilogramm Roggenbrot das zur Zeit bei Bäcker
Müller in Neudorf bei 1,15 DM liegt, erhöht oder
ermäßigt.

Diese Wertsicherungsklausel wurde von der Lan-
deszentralbank Baden-Württemberg Stuttgart am
31.8.1981 genehmigt.

Wenn man rufen würde, alle mit Schwarzarbeit erbauten Häuser
sollten zusammenfallen, sähe es in manchen Regionen wie nach dem
Krieg aus.

Barbara Hendricks, Staatssekretärin im Finanzministerium

Die Berechnung der Einkommensteuer ist für einen Mathematiker zu schwierig; dazu muß man Philosoph sein.

Albert Einstein

Vor der Steuer sind alle ~~glei~~ reich.

II. Der Finanzbeamte und sein Amt
... wie der Bürger es sieht

Wir alle wissen,

was wir unserem

Vaterland

schulden.

Das

Finanzamt

teilt es uns

jährlich mit.

Steuern sind ein erlaubter Fall von Raub.

Thomas von Aquin

„Meine Herren,

es ist bedauerlich, dass sich Finanzbeamte an den kleinen Steuerzahlern hochziehen und dabei noch eine Genugtuung haben können, die Macht zu demonstrieren ..."

| 12 | Nummer | | Zeitr | 11 | Steuernummer | | 10 | 00 | Vorg | Faligruppe | **2000** |

Eingangsstempel

[X] **Einkommensteuererklärung**
[ ] **Antrag auf Festsetzung der Arbeitnehmer-Sparzulage**
[ ] **Erklärung zur Feststellung des verbleibenden Verlustvortrags**

An das Finanzamt

Steuernummer

bei Wohnsitzwechsel: bisheriges Finanzamt

[X] Ich rechne mit einer Einkommen-steuererstattung.

| 99 | 10 | **Allgemeine Angaben** | Telefonische Rückfragen tagsüt |

Steuerpflichtige Person (Stpfl.), bei Ehegatten: Ehemann

In der Hoffnung auf eine nicht dem Ruf deutscher Finanzämter entsprechenden Bearbeitungszeit verbleibe ich in Erwartung meiner Erstattung.

Zeile		
2	Name	JANSSEN
3	Vorname	JÜRGEN

	Tag	Monat	Jahr	Religion	Ausgeübter Beruf
4	Geburtsdatum	12	11	42		Dipl. - Ingenieur

5 Straße und Hausnummer
Mörchenstr. 11

6 Postleitzahl, derzeitiger Wohnort
61645 Gummersbach

7 | Verheiratet seit dem | Verwitwet seit dem | Geschieden seit dem | Dauernd getrennt lebend seit dem |

8 **Ehefrau:** Vorname

9 ggf. von Zeile 2 abweichender Name

	Tag	Monat	Jahr	Religion	Ausgeübter Beruf
10	Geburtsdatum					

11 Straße und Hausnummer, Postleitzahl, derzeitiger Wohnort (falls von Zeilen 5 und 6 abweichend)

Nur von Ehegatten auszufüllen:

| 12 | [ ] Zusammen-veranlagung | [ ] Getrennte Veranlagung | [ ] Besondere Veranlagung für das Jahr der Eheschließung | Wir haben Gütergemeinschaft vereinbart [ ] Nein [ ] Ja | 99 | 17 | |

Art der S

| 13 | **Bankverbindung** **Bitte stets angeben!** | | 10 |

| 14 | Kontonummer | Bankleitzahl 3 8 4 5 0 0 0 0 | 11 | Alter A B |

| 15 | Geldinstitut (Zweigstelle) und Ort Stadtsparkasse Gummersbach | 77 | von |

| 16 | Kontoinhaber lt. Zeilen 2 u. 3 oder: | Name (im Fall der Abtretung bitte amtlichen Abtretungsvordruck beifügen) |

17 **Der Steuerbescheid soll nicht mir / uns zugesandt werden, sondern**

18	41	Name
19	42	Vorname
20	43	Straße und Hausnummer oder Postfach

Postleitzahl, Wohnort

20

K. Funkel   Gütersloher Str. 4
                                                               33647 Bielefeld

An das
Finanzamt Bielefeld-Außenstadt
Ravensberger Str. 125

33607 Bielefeld
                                                               13.05.1999

Sehr geehrte Damen und Herren,

wenn ich an Finanzamt denke, dann sehe ich vor mir immer eine grauhaarige, geldgierige, verordnungsliebende siebzigjährige Sachbearbeiterin mit Hornbrille.

Gott sei Dank wurde ich da in Ihrem Hause enttäuscht und durfte feststellen, daß beim Finanzamt auch nette Menschen mit Humor sitzen (und sogar arbeiten).

Mit freundlichen Grüßen

Sehr geehrte Frau ██████

nicht in einem einzigen Punkt sind Sie in Ihrem Brief vom 25.7.2002 auf meine Beschwerden eingegangen. Sie wollen nur Recht durchsetzen und fragen nicht nach Gerechtigkeit.

Oder nennen Sie es etwa gerecht, wenn ich nach Ihrer Pfeife bzw. nach den Buchstaben des Gesetzes tanze?

Wenn die Behörde etwas von einem Bürger will, hat dieser gefälligst zu gehorchen, so Ihre Denkweise. Aber wehe, wenn der Bürger was von einer Behörde möchte. Da hat der Bürger gefälligst zu warten.

Ihren blöden Papierkram werden Sie bis Sonntag im Kasten haben, wenn ich meine Steuerkarte finde.

Mit freundlichen Grüßen

Aber:

„... ich gebe nicht auf, Ihnen Manieren beizubringen. Sollte es sich nicht lohnen, werde ich einen Hund mitbringen, der Ihnen an den Schreibtisch pinkelt..."

Z. Ahler   Eichenberg 7a
                                                                45473 Mülheim a.d.R.

An das Finanzamt
Mülheim an der Ruhr
Wilhelmstr. 7

45468 Mülheim a.d.R.

                                                                31.05.2002

Sehr geehrte Damen und Herren ,

anbei meine Einkommensteuer- und Umsatzsteuererklärung für das Jahr 2001, an denen Sie als **stiller Teilhaber** meines Betriebes ja ein jährliches Interesse haben.

Mit freundlichen Grüßen

Brief an den lieben Gott

Einst lebte in Herne eine Frau,
alt, gebeugt, ihr Leben war grau.
Um ihr Einkommen war es schlecht bestellt;
mit anderen Worten: Sie hatte kein Geld.

Sie überlegte hin und her,
wie wohl Geld zu beschaffen wär'.
Ihr kam der Gedanke: „Ei, sapperlott,
ich schreib' einen Brief an den lieben Gott!"

„Lieber Gott, ich bin alt und arm,
hab' Hunger und friere und bitt' um Erbarm'
Schick' mir doch bitte einhundert Mark,
meine Not ist inzwischen wirklich zu arg!"

Der Brief ward frankiert, in den Kasten
gesteckt,
vom Postboten dort am Morgen entdeckt.
Der las die Adresse – und mußte lachen:
„An den lieben Gott!", was war damit zu
machen?

Er dachte sich: Ein Spaß muss sein,
und legte den Brief ins Fach vom Finanzamt
hinein.
Der wurde – tags drauf dort angekommen –
von einem Beamten in Empfang genommen.

Wenn ihr nun glaubt, er zerriß diesen Brief,
liegt ihr bei *dem* Mann absolut schief.
Er las die Anschrift und sprach leis' zu sich:
„Man muß ihr helfen, die Frau dauert mich!"

Denn – was ihr vielleicht bislang nicht bedacht
hattet –
auch Finanzbeamte sind mitunter mit Herz
ausgestattet.
Und so grübelte dieser hin und her,
was hier zu unternehmen wär'.

Schließlich begann er, durch Büros zu
wandern
und Geld zu sammeln bei dem ein oder
andern.
Doch leider war der Erlös etwas karg
und statt hundert bekam er nur siebzig Mark.

Und diese – auf den Pfennig genau –
schickte man an die Adresse der Frau.
Die freute sich – ihr könnt's wohl ermessen -,
dass sie der Herrgott nicht hat vergessen.

Sie schrieb sofort einen Dankesbrief,
mit dem sie in Eile zum Postamt lief:
„Lieber Gott, von Herzen stark,
danke ich Dir für die hundert Mark.

Doch solltest Du wieder mal an mich denken
und so gütig mir ein paar Taler schenken,
so möcht' ich Dich doch um eines bitten:
das Geld nicht übers Finanzamt zu schicken.

Die haben mir von den hundert – ganz
ungelogen -
glatt dreißig Mark gleich abgezogen!"

III.Der Finanzbeamte und sein Amt
... wie es wirklich ist·

Wir sollten das Känguruh

zu unserem Wappentier machen.

Es muss – wie wir – mit leerem Beutel

noch große Sprünge machen.

Andreas Trauwetter, thüringischer Finanzminister

Es gibt Kavaliere am Steuer –
aber nicht bei der Steuer.

Prof. Dr. Detlef Merten

Du kannst einen König haben,
doch ein Mann, den du fürchten mußt,
ist der Steuereintreiber.

Babylon um 2000 v. Chr.

Der Zöllner nimmt mehr,
als der Teufel stehlen kann.

Damals:

Büro-Ordnung aus dem Jahre 1875

1. Die Arbeitszeit unserer Mitarbeiter geht von Sonnenaufgang bis Sonnenuntergang.

2. Der Sonntag ist, wenn keine andere Weisung ergeht, dienstfrei. An diesem Tag hat man sich zu erholen und sich eines züchtigen, gottesfürchtigen Lebenswandels zu befleißigen.

3. Den Anweisungen aller Vorgesetzten ist unbedingt und ohne jeden Widerspruch Folge zu leisten. Ihnen ist mit dem größten Respekt und der gebotenen Demut zu begegnen.

4. Jeder Mitarbeiter ist verpflichtet, für das Alter und Krankheit Vorsorge zu treffen durch Zurücklegen eines Teils des großzügigen Lohnes, auf daß er als Arbeitsunfähiger der Allgemeinheit nicht auf der Tasche liege.

5. Die Mitarbeiter haben sich züchtig und zweckmäßig, ihrem Stande entsprechend zu kleiden. Ärmelschoner und Schirmblenden sind ausnahmsweise bis auf Widerruf erlaubt.

6. Während der Arbeitszeit dürfen sich die Mitarbeiter nicht setzen. Großzügigerweise erlaubt der Vorstand die Einnahme eines kleinen Verzehrs am Stehpult, wenn dadurch die Arbeit nicht unterbrochen wird.

7. Es ist in der kalten Jahreszeit erlaubt, mittels selbst beschaffter Kohle, den Büroraum durch Benutzung des büroeigenen Kanonenofens zu heizen. Die Kohlen dürfen aber nicht während der Arbeitszeit zerkleinert werden und der Ofen ist selbstverständlich vor Dienstbeginn anzuheizen. Bei Temperaturen unter 0 Grad Celsius im Büro dürfen ausnahmsweise der Überrock, ein Wollschal und Handschuhe getragen werden.

8. Der Lohn ist erfolgsabhängig und wird vom Vorstand jeweils am Ende eines Monats entsprechend der Leistungen des einzelnen Mitarbeiters festgelegt. Widerspruch gegen diese Entscheidung führt zur sofortigen Entlassung.

9. Wer sich einer dieser kriminellen Vereinigungen, die sich Gewerkschaft oder Arbeiterverein nennen, oder einer politischen Partei anschließt, wird sofort entlassen und dem hiesigen Polizeigericht übergeben.

Heute dagegen:

Bei einem Finanzministerium werden fünf Kannibalen im Wege der Integrationsförderung eingestellt.

Bei der Begrüßung sagt der Chef: „Ihr könnt jetzt hier arbeiten, verdient gutes Geld, das ihr nach Hause schicken könnt. Zum Essen geht ihr aber bitte in die Kantine und laßt die Mitarbeiter in Ruhe."

Die Kannibalen geloben, keine Kollegen zu belästigen.

Nach vier Wochen kommt der Chef wieder und sagt: „Ihr arbeitet sehr gut, nur fehlt uns seit gestern eine Putzfrau. Wißt ihr, wo diese geblieben ist?"

Die Kannibalen verneinen allesamt und schwören, nichts zu wissen.

Als der Chef wieder weg ist, fragt der älteste der Kannibalen die anderen: „Wer von euch hat die Putzfrau gegessen?"

Nachdem der Jüngste kleinlaut seine Schuld eingestanden hat, faucht ihn der Älteste an: „Du Idiot! Wir ernähren uns schon seit Wochen nur von Abteilungsleitern und anderen Vorgesetzten, damit keiner etwas merkt, und du Depp mußt die Putzfrau essen!"

Oberfinanzdirektion   Nürnberg, den 31. Juli 1959

Fräulein
Sieglinde Müller
Fürst-Bülow-Str. 8

Stuttgart

Betrifft: Ihre Bewerbung vom 4. Juli 1959 bei der Oberfinanzdirektion Stuttgart

Sehr verehrtes Fräulein Müller!

Finanzanwärterinnen werden nur bei einigen westdeutschen Oberfinanzdirektionen
(z. B. Köln) beschäftigt. In meinem Bezirk bewerben sich noch ausreichend Abitu-
rienten für den gehobenen Zolldienst, so daß ich nicht auf weibliche Bewerberinnen
zurückgreifen brauche.

Hochachtungsvoll

Oberfinanzdirektion Münster   Münster, 15. Februar 1954

    P 1234 - 9 - S
    P 5678 - 10 - S

Betrifft: Charakterliche Eignung zum Staatsdienertum

Bezug: Verfügung vom 23. November 1946
            Ziffer 2, mitgeteilt den Vorstehern der FÄ, HZÄ

            Verfügung vom 11. März 1947
            unter G, mitgeteilt den Vorstehern der FÄ

            Verfügung vom 30. Mai 1947
            unter 6., mitgeteilt den Vorstehern der FÄ

            Verfügung vom 14. April 1951
            mitgeteilt den Vorstehern der FÄ, FBÄ, ForsÄ

            Verfügung vom 29. Dezember 1951
            Ziffer 10, mitgeteilt den Vorstehern der HZÄ und dem Leiter
            der ZLA

Bearbeiter: RegDir Maier, ZAmtm Schulze

Wenn auch bei der Auswahl der Dienstanwärter für die Beamtenlaufbahn auf das sorg-
fältigste verfahren wird, so wäre es doch ein geradezu überraschendes Ergebnis,
wenn alle ausgebildeten Anwärter ihre Eignung als Staatsdiener während der Zeit
ihrer Ausbildung voll bestätigen könnten. Die geringe Zahl der Dienstanfänger, die
vor Zulassung zur Prüfung wieder entlassen werden, legt die Befürchtung nahe, daß
die Herren Vorsteher bei der Fülle ihrer sonstigen Aufgaben entweder keine Zeit zu
einer persönlichen Beobachtung und Prüfung der Dienstanfänger finden oder einen
allzu milden Maßstab anlegen. Beides wäre im Interesse der Allgemeinheit, im Interesse unserer Verwaltung und im Interesse des Dienstanfängers selbst gleichermaßen
verfehlt. Auf das Interesse an rechtzeitiger Entlassung habe ich den oben angegebenen Verfügungen bereits hingewiesen.

An die
Herren Vorsteher (Leiter) der FÄ, HZÄ,   Die intellektuelle
ZFSt, ZLA, FBÄ, FNBÄ, Bp-ASt, Steufe-ASt,
BVSt, ForstDSt, (je 3x)
Im Hause: P, S, Z, VL, VB; GruL, Ref, Hilfsref;
          SachB u MitA in S V 4, S V 6 u Z IV 4;
          W Heft
Nachrichtlich: BdF, FinM, Direktor der LFSch in Nordkirchen, BBR

Die intellektuelle Befähigung der Dienstanfänger wird in der Regel mehr oder weniger schon durch die beigebrachten Schulzeugnisse erwiesen. Destomehr muß die Verwaltung Bedacht auf die Prüfung und Erprobung der charakterlichen Eignung für den Staatsdienerberuf legen. Zu dieser Eignung gehören neben untadeliger Lebensführung außer Dienst insbesondere Pflichtbewußtsein, Aufrichtigkeit, Verantwortungsgefühl, Uneigennützigkeit, Sachlichkeit, Unparteilichkeit, Dienstverschwiegenheit, Fleiß, Rührigkeit, Strebsamkeit, Höflichkeit, Hilfsbereitschaft, Kameradschaftlichkeit, Friedfertigkeit, Diszipliniertheit, Pünktlichkeit, Zuverlässigkeit, Sparsamkeit und Nüchternheit. Hierzu gehört nicht minder Bewährung in der Haltung gegenüber dem weiblichen Personal. Von den in meiner Verwaltung beschäftigten Frauen erwarte ich, daß sie sich stets bewußt sind, daß die Wahrung guter Sitten nach der alten Tradition in erster Linie Aufgabe der Frau ist. Die Bewährung in dieser Haltung hat im Landesdienst durch die vermehrte Einstellung von Beamtenanwärterinnen in jüngster Zeit besondere Bedeutung bekommen. Dienstanfänger oder Dienstanfängerinnen, deren Haltung in dieser Beziehung nicht allen Forderungen zuchtvoller Sitte entspricht, sind für die Verwaltung nicht brauchbar und daher rechtzeitig zu entlassen.

Ich bitte die Herren Vorsteher zu überlegen, was bei Ihrem Amt noch in Bezug auf eine Verbesserung der Beobachtung der Dienstanfänger getan werden kann und diese Maßnahmen unverzüglich in die Wege zu leiten. Ich bitte ferner, die Dienstanfänger und Dienstanfängerinnen bei ihrer Einstellung über die Erwartungen der Verwaltung zu unterrichten und darauf hinzuweisen, daß die Verwaltung insbesondere bei einem Verstoß gegen die Gebote zuchtvoller Sitte unverzüglich daraus die genannten Folgerungen ziehen wird.

Ein Abdruck ist zum Wiedervorlageheft zu nehmen. Ein weiterer Abdruck ist für den BR bestimmt.

gez. U n g e m a c h

Beglaubigt:

(Flink)
Angestellte

Aus einem BP-Bericht von 1967:

Herr Bernhard ███████ ist ein sehr rühriger Mann. Leider wohnt er so ungünstig in der Bauernschaft B███████, daß er jeden Kunden selbst suchen muß. Er ist Tbc leidend. Siehe Seite 37 der Ein-St-Akte. Wegen des Wirbelsäulenleidens hat er s.Zt. diesen Handel angefangen. Wenn er auch vor Jahren eine Bombe gebastelt hat und diese in einem Konkurrenzladen in ███████ zur Explosion brachte, so war er während der Prüfung sehr rührig und gab bereitwillig jede Auskunft. Sämtliche Unterlagen wurden herangebracht. Der Mann ist tatsächlich körperlich behindert. Außer der Wirbelsäule ist die rechte Schulter vom Knochenfraß durchfressen. Es ist zu verstehen, daß solch ein Mann von 34 Jahren, wenn durch die Köperbehinderung nicht alles so klappt, wie er gern möchte, manchmal gereizt ist und dann solche Briefe wie "Ihr Brotgeber" usw. schreibt.

Klare Auskunft

Ein Mann in einem Heißluftballon hat sich verirrt. Er geht tiefer und sichtet einen Mann am Boden. Er sinkt noch weiter ab und ruft:

„Entschuldigung, können Sie mir helfen? Ich weiß nicht, wo ich bin."

Der Mann am Boden antwortet: „Sie sind in einem Heißluftballon in ungefähr 10 Meter Höhe über dem Grund. Sie befinden sich zwischen 40 und 41 Grad nördlicher Breite und zwischen 59 und 60 Grad westlicher Länge."

„Sie müssen vom Finanzamt sein", sagt der Ballonfahrer.

„Bin ich", antwortet der Mann am Boden, „woher wußten Sie das?"

„Nun", sagt der Ballonfahrer, „alles, was Sie mir sagten, ist präzise und korrekt, aber ich habe keine Ahnung, was ich mit Ihren Informationen anfangen soll, und Fakt ist, daß ich immer noch nicht weiß, wo ich bin."

Der Mann am Boden antwortet: „Sie selbst müssen bei der Regierung tätig sein."

„Ja", antwortet der Ballonfahrer, „aber woher wussten Sie das?"

„Nun", sagt der Mann, „Sie wissen weder, wo Sie sind noch wohin Sie fahren. Sie sind aufgrund einer großen Menge heißer Luft in Ihre jetzige Position gekommen. Sie erwarten von den Leuten unter Ihnen, daß sie Ihre Probleme lösen. Tatsache ist, daß Sie in exakt der gleichen Lage sind wie vor unserem Treffen, aber jetzt bin ich irgendwie schuld!"

Der Fiskus gibt niemals auf.

finanzverwaltung NRW.

Zurück.

Die am 15. Februar 2000 verstorbene Frau Anne-Grete Althaus ist leider immer noch tot. Sollte sich der derzeitige Zustand ändern, werde ich das unverzüglich anzeigen

Mit freundlichen Grüßen

U. Benninghorst

78 / 10 / 11113788 / / / 40154   11.02   0,64 EUR

Frau
Anne-Grete Althaus
z.Hd. Herrn Udo Benninghorst
Landgrafenstr. 67

44139 Dortmund

Die zweite Sintflut

Nach vielen Jahren sah Gott wieder einmal auf die Erde. Die Menschen waren verdorben und gewalttätig, und so beschloß er, sie zu beseitigen, genau so, wie er es vor langer, langer Zeit schon einmal getan hatte.

Er sprach zu Noahs Nachfahr: „Bau mir eine Arche aus Zedernholz, so wie damals dein Urahne: 300 Ellen lang, 50 Ellen breit und 30 Ellen hoch. Ich will eine zweite Sintflut über die Erde bringen. Die Menschen haben nichts dazugelernt. Du aber gehe mit deiner Frau, deinen Söhnen und deren Frauen in die Arche und nimm von allen Tieren zwei mit, je ein Männchen und ein Weibchen. In sechs Monaten werde ich den großen Regen schicken."

Noah stöhnte auf; mußte das denn sein? 40 Tage Regen und 150 unbequeme Tage auf dem Wasser mit all den lästigen Tieren an Bord und alles ohne Fernsehen! Aber Noah war gehorsam und versprach alles genau so zu tun, wie Gott ihm aufgetragen hatte.

Nach sechs Monaten zogen dunkle Wolken auf und es begann zu regnen. Noah saß in seinem Vorgarten und weinte, aber da war keine Arche.

„Noah!" rief der Herr, „Noah, wo ist die Arche?"

Noah blickte zum Himmel und sprach: „Herr, sei mir gnädig!" Er trocknete seine Tränen und fuhr fort: „Herr, was hast du mir angetan? Als erstes beantragte ich beim Landkreis eine Baugenehmigung. Die dachten zuerst, ich wollte einen extravaganten Schafstall bauen. Sie kamen mit der ausgefallenen Bauform nicht zurecht, denn an einen Schiffbau wollten sie nicht glauben. Auch deine Maßangaben stifteten Verwirrung, weil niemand mehr weiß, wie lang eine Elle ist. Also mußte mein Architekt einen neuen Plan entwerfen.

Die Baugenehmigung wurde mir zunächst abgelehnt, weil eine Werft in einem Wohngebiet planungsrechtlich unzulässig sei. Nachdem ich dann endlich ein passendes Gewerbegrundstück gefunden hatte, gab es nur noch Probleme. Im Moment geht es zum Beispiel um die Frage, ob die Arche feuerhemmende Türen, eine Sprinkleranlage und einen Löschwassertank benötige. Auf einen Hinweis, ich hätte im Ernstfall rundherum genug Löschwasser, glaubten die Beamten, ich wollte mich über sie lustig machen.

Die Bezirksregierung teilte mir nach längerem Hin und Her telefonisch mit, ich könnte ja gern ein Schiff bauen, müßte aber selbst zusehen, wie es zum nächsten größeren Fluß käme. Mit dem Bau eines Sperrwerks könnte ich nicht rechnen, nachdem der zuständige und zunächst mich unterstützende Ministerpräsident zurückgetreten sei. Dann rief mich noch ein anderer Beamter dieser Behörde an, der mir erklärte, sie verstehen sich inzwischen als ein kundenorientiertes Dienstleistungsunternehmen und darum wolle er mich darauf hinweisen, daß ich bei der EU in Brüssel eine Werftbeihilfe beantragen könne; allerdings müßte der Antrag achtfach in den drei Amtssprachen eingereicht werden.

Inzwischen ist beim Verwaltungsgericht ein vorläufiges Rechtsschutzverfahren meines Nachbarn anhängig, der einen Großhandel für Tierfutter betreibt. Der hält das Vorhaben für einen großen Werbegag.

Die Suche nach dem Zedernholz habe ich eingestellt. Libanesische Zedern dürfen nicht mehr eingeführt werden. Als ich deshalb hier im Wald Bauholz beschaffen wollte, wurde mir das Fällen von Bäumen unter Hinweis auf das Landeswaldgesetz verweigert. Ich solle erst eine Ersatzaufforstung nachweisen. Mein Einwand, in Kürze werde es gar keine Natur mehr geben und das Pflanzen von Bäumen an anderer Stelle sei deshalb völlig sinnlos, brachte mir einen Besuch des Amtsarztes ein.

Die angeheuerten Zimmerleute versprachen mir schließlich, für das notwendige Holz selbst zu sorgen. Sie wählten jedoch erst einmal einen Betriebsrat. Der wollte mit mir zunächst einen Tarifvertrag für den Holzschiffsbau auf dem flachen Lande ohne Wasserkontakt aushandeln. Weil wir uns aber nicht einig wurden, kam es zu einer Urabstimmung und zum Streik. Herr, weißt du eigentlich, was Handwerker heute verlangen? Wie soll ich denn das bezahlen?

Weil die Zeit drängte, fing ich schon einmal an, Tiere einzusammeln. Am Anfang ging das noch ganz gut, aber bald meldete sich der örtliche Tierschutzverein und rügte die artwidrige Haltung. Und mein Nachbar klagt auch schon wieder, weil er auch die Eröffnung eines *Zoos* für geschäftsschädigend hält.

Herr, ist dir eigentlich klar, daß ich auch nach der Europäischen Tierschutztransportverordnung eine Genehmigung brauche? Ich bin schon auf Seite 22 des Formulars und grüble im Moment darüber, was ich als Transportziel angeben soll. Wußtest du, daß zum Beispiel geweihtragende Tiere während der Brunftzeit überhaupt nicht transportiert werden dürfen?

Heinisch

Und nun hat sich auch noch mein Finanzamt gemeldet und mir einen Fragebogen zur ‚Gewerbeanmeldung' zugesandt. Außerdem soll ich eine vorläufige Gewinnermittlung zur Anpassung zukünftiger Vorauszahlungen einreichen.

Herr, hattest Du mir nicht versprochen, daß auch das Finanzamt keine Zukunft mehr hat?

Und Dir ist natürlich auch bewußt, daß ich die 43 Vorschriften der Binnenmarkt-Tierschutzverordnung bei dem Transport der Kaninchen strikt beachten muß. Meine Rechtsanwälte prüfen gerade, ob diese Vorschriften auch für Hasen gelten.

Übrigens: Wenn du es einrichten könntest, die Arche als fremdflaggiges Schiff zu deklarieren, das sich nur im Bereich des deutschen Küstenmeers aufhält, bekäme ich die Genehmigung viel einfacher. Du könntest dich doch auch einmal für mich bemühen! Ein Umweltschützer von Greenpeace erklärte mir, daß ich Gülle, Jauche, Exkremente und Stallmist nicht im Wasser entsorgen darf.

Vor zwei Wochen hat sich das Oberkommando der Marine bei mir gemeldet und von mir eine Karte der künftig überfluteten Gebiete erbeten. Und vor zehn Tagen erschien die Steuerfahndung; die haben den Verdacht, ich bereite meine Steuerflucht vor. Soll ich nicht doch lieber meinen Rechtsanwalt mit auf die Arche nehmen?"

Da hörte der Regen auf, der Himmel klarte auf und die Sonne schien wieder. Und es zeigte sich ein wunderschöner Regenbogen.

Noah blickte auf und lächelte. „Herr, du wirst die Erde doch nicht zerstören?"

Da sprach der Herr: „Darum sorge ich mich nicht mehr. Das schaffen schon eure Verwaltungen!"

Betrieblicher Arbeitsschutz bei Weihnachtsfeiern

Organisationsrichtlinien für die Vorweihnachtszeit

Aufgrund des § 5 des Gesetzes über die Organisation der Landesverwaltung (Landesorganisationsgesetz – LOG NW) vom 10. Juli 1962, zuletzt geändert am 10.11.1979 (GBl NW S. 904) wird im Auftrag der Landesregierung im Einvernehmen mit den Landesministerien für ihre jeweiligen Geschäftsbereiche die nachstehende Ergänzungsrichtlinie erlassen; gem. §§ 4 Abs. 1 und 15 LOG NW gilt diese Richtlinie auch für die Gemeinden und Gemeindeverbände.

Arbeitsorganisationsrichtlinien über die Handhabung und Verwendung von Nadelbäumen kleineren und mittleren Wuchses, die in Diensträumen als Dienstweihnachtsbäume Verwendung finden (ArbOrgRichtl Dwbm)

1.   Dienstweihnachtsbaum

Dienstweihnachtsbäume (Dwbm) sind Weihnachtsbäume natürlichen Ursprungs oder natürlichen Bäumen nachgebildete Weihnachtsbäume, die zur Weihnachtszeit in Diensträumen aufgestellt werden. Sie dürfen nur von sachkundigem Personal nach Anweisung eines unmittelbaren Vorgesetzten aufgestellt werden. Dieser hat darauf zu achten, dass der Dwbm mit seinem unteren, der Spitze entgegengesetztem Ende in einen zur Aufnahme von Baumenden geeigneten Halter eingebracht und befestigt wird, dass der Dwbm in der Haltevorrichtung derart verkeilt wird, dass er senkrecht steht (in schwierigen Fällen ist ein zweiter Vorgesetzter hinzuzuziehen, der die Senkrechtstellung überwacht und durch Zurufe korrigiert) und dass im Umfallbereich des Dwbm keine zerbrechlichen oder durch einen umfallenden Dwbm in ihrer Funktion zu beeinträchtigenden Anlagen vorhanden sind.

Die Dwbm sind mit weihnachtlichem Behang nach Maßgabe des Dienststellenleiters zu versehen. Weihnachtsbaumbeleuchtungen, deren Leuchtwirkung auf dem Verbrennen eines Brennstoffs mit Flammenwirkung beruht (sog. Kerzen), dürfen nur Verwendung finden, wenn die Bediensteten über die Gefahren von Feuersbrünsten hinreichend unterrichtet sind und während der Brennzeit der Beleuchtungskörper ein in der Feuerbekämpfung hinreichend unterwiesener Mitarbeiter mit Feuerlöschern bereitsteht.

## 2.	Aufführen von Krippenspielen

In Dienststellen mit ausreichendem Personal können Krippenspiele unter Leitung eines erfahrenen Vorgesetzten zur Aufführung gelangen. Zur Besetzung sind folgende in der Personalplanung vorzusehende Personen notwendig:

Maria	möglichst weibliche jungfräuliche Bedienstete oder ähnliche Person
Josef	älterer Bediensteter mit Bart
Kind	kleinwüchsiger Mitarbeiter oder Auszubildender
Esel und Schafe	geeignete Vorgesetzte, möglichst aus verschiedenen Laufbahnen
Drei Könige	sehr religiöse Mitarbeiter

## 3.	Absingen von Weihnachtsliedern

Zum Absingen von Weihnachtsliedern stellen sich die Bediensteten unter Anleitung des Vorstehers ganz zwanglos nach Dienstgrad geordnet um den Dwbm auf. Eventuell vorhandene Weihnachtsgeschenke können bei dieser Gelegenheit durch einen Vorgesetzten in Gestalt eines Weihnachtsmannes an die Untergebenen verteilt werden.

Auf R 72 Abs. 1 Satz 2 LStR 2002 wird hingewiesen.

Ich bitte, diesen Erlass allen Beschäftigten in geeigneter Form bekannt zu machen.

Die Dienststellenleiter werden gebeten, bis zum 31. März 2002 einen detaillierten Erfahrungsbericht auf dem Dienstwege vorzulegen, Übermittlung per E-Mail ist ausreichend.

Im Auftrag

gez. Winkelmann

Das Wettrudern

Es begab sich, daß ein deutsches Finanzamt ein jährliches Wettrudern mit einem japanischen Finanzamt verabredete. Das erste Rennen sollte mit einem Achter auf dem Dortmund-Ems-Kanal ausgetragen werden.

Beide Mannschaften trainierten lange, doch die Japaner gewannen das Rennen mit einem Vorsprung von einem Kilometer. Nach dieser Niederlage war das deutsche Team sehr betroffen und die oberste Verwaltungsspitze entschied, daß der Grund für diese Niederlage unbedingt herausgefunden werden mußte.

Eine Projektgruppe unter Führung einer Projektleitungsgruppe wurde eingesetzt, um das Problem zu untersuchen. Nach langen Ermittlungen fand man heraus, daß bei den Japanern acht Leute ruderten und ein Mann steuerte, während bei der deutschen Mannschaft ein Mann ruderte und acht Mann steuerten.

Die oberste Verwaltungsspitze engagierte sofort eine Beratungsfirma, die eine Studie über die Struktur der deutschen Mannschaft anfertigen sollte. Die kam zu dem Schluß, daß zu viele Leute steuerten und zu wenige ruderten. Um einer weiteren Niederlage vorzubeugen, wurde die Mannschaftsstruktur geändert. Es gab jetzt ein Steuerungsteam mit vier Steuerleuten, drei Obersteuerleuten, einem Steuerungsdirektor und einem Ruderer. Parallel zu den Steuerleuten wurde zusätzlich die Stelle eines Steuerungscontrollers eingerichtet, der die Aufgabe hatte, die geplante mit der tatsächlichen Ruderrichtung abzugleichen und der obersten Verwaltungsspitze bei Abweichungen Bericht zu erstatten. Außerdem wurde für den Ruderer ein Leistungsbewertungssystem eingeführt, um ihm mehr Ansporn zu geben.

Im nächsten Jahr gewannen die Japaner mit zwei Kilometern Vorsprung. Der Ruderer des deutschen Teams wurde entlassen. Über den Verbleib der Verwaltungsspitze ist nichts bekannt.

Steuerbonbons in den Finanzämtern

Auch der Fiskus leistet in letzter Zeit Öffentlichkeitsarbeit. Im Zuge der Kundenorientierung wurden in vielen Finanzämtern zentrale Bürgerbüros eingerichtet, um eine schnelle Abwicklung der Steuererklärung zu ermöglichen. Das Pressereferat des Finanzministeriums des Landes Nordrhein-Westfalen hat zudem im Jahre 2002 „Steuerbonbons" mit Vitamin- und Sahnegeschmack produzieren lassen, die den Steuerbürgern in diesem zentralen Servicebereich der Finanzämter angeboten werden und das Warten „versüßen" sollen.

Sehr verehrte Kolleginnen und Kollegen,

Ich darf Ihnen die freudige Mitteilung machen, dass die „Steuerbonbons" in den nächsten Tagen ausgeliefert werden. Ich bitte, die Bonbons ordnungsgemäß in die vorgeschriebenen Gefäße zu füllen und dem Steuerbürger zwecks Verzehr zugänglich zu machen. Achten Sie bitte darauf, dass sich beide Geschmacksrichtungen (Vitamin und Sahne) in etwa gleicher Anzahl in den Gläsern befinden. Ein Genuss der Bonbons durch die Belegschaft sollte vermieden werden.

ECHT LECKER
Beliebte „Steuerbonbons"

Für die Besucher der nordrhein-westfälischen Finanzämter hält der Finanzminister Peer Steinbrück erneut „Steuerbonbons" parat: Rund 1,25 Millionen Vitamin- und Sahnedrops versüßen dem Publikum vor allem in den Service- und Informationsstellen mögliche Wartezeiten. Nicht nur in den Finanzämtern erfreuen sich die „Steuerbonbons" großer Beliebtheit: Steuerberater und sogar Karnevalsvereine ordern beachtliche Mengen der Drops.

Und auch die Mitarbeiter in den Finanzämtern waren angetan: Ein findiger Kollege entwarf folgende Werbung:

Ich kann mich noch ganz genau daran erinnern,

als mir ein Finanzbeamter mein erstes Steuerbonbon schenkte.

Ich hatte ein wenig Mühe,

das Glitzerpapier zu öffnen, aber dann ...

dann war da dieser einzigartige Geschmack.

Ich spürte: „Du musst etwas ganz Besonderes sein,

wenn dir Dein Finanzbeamter ein solch tolles Bonbon schenkt.“

Tja ... heute bin ich der Finanzbeamte,

und was sonst würde ich meinen Steuerpflichtigen anderes schenken als

Sie sind nämlich auch etwas ganz Besonderes ...

Kurz darauf fand sich in den örtlichen Finanzämtern folgender Hinweis, der Urheber dieser fiktiven Anweisung ist unerklärlicherweise unbekannt:

Klarschrift**a**nweisung und **R**echtsgrundlagen zum **i**ntensiven **E**insatz von **S**üßwaren in den **F**inanz**ä**mtern (*KARIES FÄ*)

1. Es ist darauf zu achten, dass pro Steuerpflichtigem nur ein Bonbon ausgegeben wird. Die Geschmacksrichtung darf dabei frei gewählt werden.

2. Im Falle der Zusammenveranlagung dürfen je Steuererklärung 2 Bonbons ausgegeben werden. Außerdem entspricht es einer ermessensgerechten Entscheidung, wenn ein weiteres Bonbon an ein vom Antragsteller mitgeführtes Kind ausgegeben wird.

3. Die vorgeschriebenen Gefäße sind in einer Entfernung von mindestens 50 cm von der Tischkante entfernt aufzustellen, damit eine Selbstbedienung durch von Antragstellern mitgeführte Kinder verhindert wird. Den Vorstehern wird aufgegeben, durch den Hausmeister oder eine andere befähigte Person eine entsprechende Markierung nach DIN 52a Nr. 7/4 anbringen zu lassen.

4. An den vorgeschriebenen Gefäßen ist ein Warnhinweis anzubringen, aus dem hervorgeht, dass durch den Genuss der Bonbons eine gewisse Gesundheitsgefährdung ausgehen kann. Vorgeschlagen wird der Text: „Der Genuss dieser Bonbons kann Ihrer Gesundheit schaden. Zu Risiken und Nebenwirkungen befragen Sie Ihren Zahnarzt oder Ihre Waage!"

Im Auftrag

H. A. Ribo

Typischer Eingangsbereich eines modernen Finanzamtes

IV. Steuern und Erklärungen

Die Einkommensteuererklärung
hat mehr Menschen
zu Lügnern gemacht
als der Teufel.

William Rogers

Karl Schlaak

Pöppinghauser Str. 87
44579 Castrop-Rauxel

Finanzamt Recklinghausen
Westerholter Weg 2

45657 Recklinghausen

17.10.2001

Sehr geehrte Damen und Herren,

aha – Sie möchten von mir, daß ich meine Steuererklärung für 2000 machen. Aber wenn ich mal was von Ihnen will, da wird erst gar nicht reagiert.

Sie können sich was schämen! Sie fordern nur immer vom kleinen Mann, aber wehe der kleine Bürger will was von einer Behörde.

Es interessiert nur, was in alten gammeligen Gesetzbüchern steht. Anstand und Moral zählen nicht mehr.

Wenn Sie was von mir wollen, können Sie mich ja an Ort und Stelle aufsuchen und die usselige Steuererklärung direkt ausfüllen.

Bei der Steuererklärung merkt man,
wieviel Geld man sparen würde,
wenn man keins hätte.

Fernandel, französischer Komiker (1903-1971)

Die „Steuererklärung zum Zwecke der Veranlagung" war auch unseren Urgroßvätern bekannt, wie der umseitig abgebildete Vordruck aus dem Jahre 1894 zeigt. Merkwürdig mutet es indes nur an, daß man sämtliche erforderlichen Angaben auf nur zwei Seiten unterbringen konnte. O tempora, o mores!

Das Einkommensteuergesetz vom 20.6.1891 sah die Abgabe der Steuererklärung grundsätzlich binnen einer Frist von 14 Tagen nach Aufforderung zur Abgabe durch das Finanzamt vor. Die Einsendung der Steuererklärung durch die Post war zugelassen, geschah aber auf ausdrückliche Gefahr des Steuerpflichtigen.

Wissentlich unrichtige oder unvollständige Angaben waren nach § 66 des Einkommensteuergesetzes mit Strafe bedroht. Eine Geldstrafe konnte in Höhe von bis zum vier- bis zehnfachen Betrag der Verkürzung oder der Jahressteuer festgesetzt werden.

Das Versäumen der Abgabefrist hatte nach § 30 des Einkommensteuergesetzes den Verlust der gesetzlichen Rechtsmittel gegen die „Einschätzung für das Steuerjahr" zur Folge.

Steuererklärung

zum Zwecke der Veranlagung

(handwritten) (Name)

Landgericht (Stand) in _(Wohnort)_ (Straße, Hausnummer) 7

zur Einkommensteuer für das Steuerjahr 1893/94.

Mein steuerpflichtiges Einkommen einschließlich des mir anzurechnenden Einkommens meiner Haushaltungsangehörigen (s. Anweisung Art. 6) nämlich:

Anmerkung: Hierneben sind diejenigen Angehörigen namentlich aufzuführen, deren besonderes Einkommen dem Steuerpflichtigen anzurechnen ist.

beträgt:

nicht mehr als Mark

1. **Aus Kapitalvermögen:** Geldwerte Vorteile aus Kapitalforderungen jeder Art (s. Anweisung Artikel 8, 9) insbesondere

   Zinsen, Renten und andere feststehende Einnahmen

   Dividenden, Gewinnanteile und andere nach dreijährigem Durchschnitte zu berechnende schwankende Einnahmen, einschließlich etwaiger Gewinne aus den nicht im Handels- oder Gewerbebetriebe unternommenen Spekulationsgeschäften

   _200_

2. **Aus Grundvermögen:** Betrieb der Land- und Forstwirtschaft auf eigenen oder fremden Grundstücken, Verpachtung, Vermietung, anderweite Nutzung (z. B. Nießbrauch) von Liegenschaften und Gebäuden, einschließlich des Mietswertes der Wohnung im eigenen Hause und des Geldwertes der im Haushalt verbrauchten Wirtschaftserzeugnisse — nach Abzug der Bewirtschaftungskosten (s. Anweisung Artikel 10 bis 16) —

   (Anmerkung: Zinsen von Hypothekenschulden sind nicht hier in Abzug zu bringen, sondern umstehend unter a besonders anzugeben.)

   _1671.20_

3. **Aus Handel, Gewerbe, Bergbau** einschließlich des Geldwertes der im Haushalt verbrauchten Erzeugnisse und Waren des eigenen Betriebes — nach Abzug der Geschäfts- und Betriebskosten (s. Anweisung Artikel 17 bis 20) —

4. **Aus Gewinn bringender Beschäftigung** und aus Rechten auf sonstige fortlaufende Einnahmen, welche nicht unter Nr. 1 bis 3 begriffen sind (s. Anweisung Artikel 21 bis 23), insbesondere

   Gehalt, Besoldung, Wohnungsgeldzuschuß, Wartegeld, Pension, Wittwen-, Waisengeld und ähnliche feststehende Einkünfte,

   Tantième, Remuneration, Gratifikation, Gebühren, Provisionen und ähnliche nach dreijährigem Durchschnitte zu berechnende schwankende Einkünfte,

   Wert der freien Wohnung und anderer Naturalbezüge,

   Verdienst (nach dreijährigem Durchschnitt zu berechnen) aus schriftstellerischer, wissenschaftlicher, künstlerischer Thätigkeit, aus ärztlicher oder Anwaltspraxis.

   zusammen _1871.20_

Anmerkung zu Nr. 1 bis 4. Feststehende Einnahmen sind nach ihrem Betrage für das Steuerjahr, ihrem Betrage nach unbestimmte oder schwankende Einnahmen nach dem Durchschnitte der letzten drei Jahre zu berechnen (vergl. Artikel 5).

Man beachte die Seiten 2, 3.

	Mark	
Uebertrag	*1871.20*	

Hiervon sind abzuziehen:

(Die folgenden Ausgaben dürfen nicht, wie sonstige Betriebs- und Geschäftskosten, von dem Einkommen zu 1 bis 4 vorweg abgezogen, sondern müssen besonders angegeben werden.)

		Mark	Pf.
a)	**Zinsen von Hypotheken und anderen Schulden**, mit Ausnahme der Zinsen von Geschäftsschulden, welche bei Berechnung des Einkommens zu 3 berücksichtigt sind (s. Anweisung Artikel 24), Gesamtbetrag		
b)	**Dauernde** auf Verträgen, Verschreibungen oder letztwilligen Verfügungen beruhende Lasten, z. B. Altenteile (s. Anweisung Artikel 4ᴵ Nr. 4ᵇ und Artikel 23 Nr. 2, 3)		
c)	**Beiträge** zu Kranken-, Unfall-, Alters- und Invalidenversicherungs-, Wittwen-, Waisen- und Pensionskassen für die eigene Person des Steuerpflichtigen. (Wegen der für Arbeiter und Betriebspersonal zu entrichtenden Beiträge s. Anweisung Artikel 25 Nr. 1.)		
d)	**Lebensversicherungsprämie** an die Versicherungsgesellschaft .... Police Nr. .... (der Abzug ist nur im Höchstbetrage von 600 Mark zulässig, s. Anweisung Artikel 25 Nr. 2)		

Anmerkung zu a bis d: Die zur Bestreitung der persönlichen Bedürfnisse, insbesondere des Haushaltes der Steuerpflichtigen, sowie die zum Unterhalte ihrer Angehörigen gemachten Ausgaben und die freiwillig, wenn auch fortlaufend, zu andere geleisteten Unterstützungen dürfen vom Einkommen nicht in Abzug gebracht werden.

zusammen		
Mithin beträgt das **Gesamteinkommen**	*1871.20*	

Ludwig Müller
Lohweg 5
48684 Ahaus

Finanzamt
Vredener Dyk 2
48683 Ahaus

Sehr geehrte(r) Herr/Frau Finanzbeamter(in),

dies war die erste Einkommensteuererklärung meines Lebens, und ich bin mächtig stolz auf mich, alle Vordrucke ausgefüllt zu haben. Ich hoffe, sie gefällt Ihnen auch so gut. Verzeihen Sie mir eventuelle Fehler.

Mit freundlichen Grüßen

Finanzamt Münster-Außenstadt

Betrifft: Einkommensteuer 1995

Sehr geehrte Frau ███████,

gem. §§ 149, 150 der Abgabenordnung (AO) wurden Sie durch öffentliche

Sftoedurenr eerekel, ädreu n g 1 9 9 5

bauzegben.

Ich bitte Sie hiermit, die Erklärung dem Finanzamt Münster-Außenstadt nunmehr ohne weitere Verspätung bis zum

oben genannten Termin

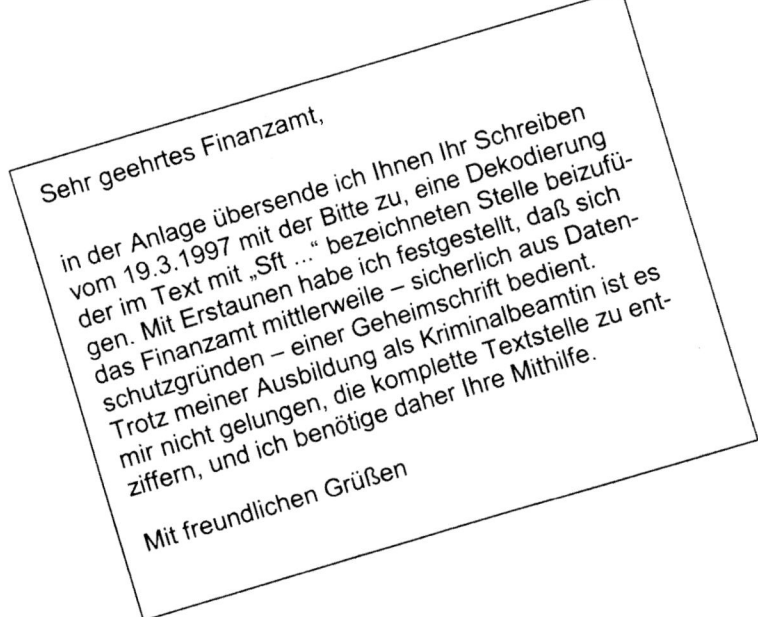

Sehr geehrtes Finanzamt,

in der Anlage übersende ich Ihnen Ihr Schreiben vom 19.3.1997 mit der Bitte zu, eine Dekodierung der im Text mit „Sft ...“ bezeichneten Stelle beizufügen. Mit Erstaunen habe ich festgestellt, daß sich das Finanzamt mittlerweile – sicherlich aus Datenschutzgründen – einer Geheimschrift bedient. Trotz meiner Ausbildung als Kriminalbeamtin ist es mir nicht gelungen, die komplette Textstelle zu entziffern, und ich benötige daher Ihre Mithilfe.

Mit freundlichen Grüßen

Sehr geehrtes Finanzamt,

mein Auto lief über meinen Vater, welcher am 4. Juni verstorben ist.

Aus einem Brief an das Finanzamt:

... Ich habe nun so viele Formulare ausfüllen müssen, daß es mir bald lieber wäre, mein geliebter Mann wäre überhaupt nicht gestorben.

Aus einem Brief an das Finanzamt in Steinfurt:

Da unsere Wohnsiedlung schlecht von Bussen bedient wird, bin ich gezwungen, mit dem eigenen Pkw zur Arbeit zu fahren. Ich habe dem Betriebsrat schon vorgeschlagen, um 7.30 Uhr und um 8.00 Uhr zusätzlich einen fahren zu lassen.

Aber es gibt sie noch – wahre Athleten!

Jens und Julia Thelen

Lehmkuhle 25
48565 Steinfurt

Finanzamt Steinfurt
Ochtruper Str. 2

48565 Steinfurt

14.05.2002

Sehr geehrte Damen und Herren,

vielen Dank für die Zusendung der Vordrucke für die Einkommensteuererklärung 2001. Etwas verwirrt sind wir über die Steuernummer, die dem Deckblatt zu entnehmen war. Sie lautet: 2614/1234 und ist fett gedruckt, was eine gewisse Amtlichkeit suggeriert. Diese Nummer war bis Ende 1998 für uns gültig. Nachdem uns eine Änderung mitgeteilt wurde, reichten wir die Einkommensteuererklärung 1998 im Jahr 1999 unter der damals aktuellen Nummer 2537/7477 ein.

Den Bescheid erhielten wir dann unter der Nummer 0438/9375. Eine weitere Mitteilung hatte uns vorher über eine nochmalige Änderung informiert. Eine mittlerweile entstandene Konfusion wegen der zahlreichen Nummern sollte dann ein Schreiben Ihrerseits vom 14.9.1999 beheben. Dort wurde uns mitgeteilt, daß die neue Nummer nun 5191/0010 ist. Dem freundlichen Hinweis, daß für einen reibungslosen Schriftverkehr, Abgabe der Steuererklärung und Zahlungen (hoffentlich Ihrerseits) nur noch diese Nummer zu verwenden ist, wären wir gerne nachgekommen.

Die jüngst erhaltenen und etwas dürftigen Vordrucke wurden nun wieder unter der Nummer 2614/1234 zugeschickt. Sie erinnern sich? Das war unsere „Ausgangsnummer". Schließt sich jetzt der Kreis?

Für einen reibungslosen ... usw. ... bitten wir Sie nunmehr, uns aus der Fülle der uns vorliegenden Nummern die für die nahe Zukunft gültige mitzuteilen. Wir würden uns bei der Gelegenheit über einen komplett neuen Satz Vordrucke freuen.

Mit wirklich freundlichen Grüßen

2001

Nummer	Zeit	Steuernummer		Vorg.	Fallgruppe
12		11	1	01	

Eingangsstempel

☒ **Einkommensteuererklärung**

☐ **Antrag auf Festsetzung der Arbeitnehmer-Sparzulage**

☐ **Erklärung zur Feststellung des verbleibenden Verlustvortrags**

An das Finanzamt

Steuernummer | bei Wohnsitzwechsel: bisheriges Finanzamt | Ich rechne mit einer Einkommensteuererstattung.

99 10	**Allgemeine Angaben**	Telefonische Rückfragen tagsüber unter Nr.
	Steuerpflichtige Person (Stpfl.), bei Ehegatten: Ehemann	40 Postempfänger

Zeile

2 Name
Peltz

69 Anschrift

3 Vorname
Thomas

	Tag	Monat	Jahr	Religion	Ausgeübter Beruf
4 Geburtsdatum	2 7	0 4	5 3	rk	Produktionsmaschine

5 Straße und Hausnummer
Lessingstr. 43

6 Postleitzahl, derzeitiger Wohnort
4 5 6 5 7 | Recklinghausen

	Verheiratet seit dem	Verwitwet seit dem	Geschieden seit dem	Dauernd getrennt lebend seit dem
7	17.01.79			

8 Eingetragene Lebenspartnerschaft seit dem (weitere Angaben bitte auf besonderem Blatt)

9 **Ehefrau: Vorname**
Helga

10 ggf. von Zeile 2 abweichender Name

	Tag	Monat	Jahr	Religion	Ausgeübter Beruf
11 Geburtsdatum	1 8	0 8	5 9	rk	Hausfrau

12 Straße und Hausnummer, Postleitzahl, derzeitiger Wohnort (falls von Zeilen 5 und 6 abweichend)

13	**Nur von Ehegatten auszufüllen:** ☒ Zusammen-veranlagung	☐ Getrennte Veranlagung	☐ Besondere Veranlagung für das Jahr der Eheschließung	Wir haben Gütergemeinschaft vereinbart ☐ Nein ☐ Ja	99

14 **Bankverbindung** Bitte stets angeben!

15 Kontonummer ▬▬▬▬▬ | Bankleitzahl ▬▬▬▬▬

16 Geldinstitut (Zweigstelle) und Ort

17 Kontoinhaber Name (im Fall der Abtretung bitte amtlichen Abtretungsvordruck beifügen)
☒ lt. Zeilen 2 u. 3 oder:

18 **Der Steuerbescheid soll nicht mir / uns zugesandt werden, sondern**

19 **41** Name

20 **42** Vorname

Straße und Hausnummer oder Postfach

2001

12	Nummer		Zeitr	11	Steuernummer			1	01	Vorg.	Fallgruppe

Eingangsstempel

☒ **Einkommensteuererklärung**

☐ **Antrag auf Festsetzung der Arbeitnehmer-Sparzulage**

☐ **Erklärung zur Feststellung des verbleibenden Verlustvortrags**

An das Finanzamt
Recklinghausen

Steuernummer		bei Wohnsitzwechsel: bisheriges Finanzamt	☒ Ich rechne mit einer Einkommensteuererstattung.

		Allgemeine Angaben	Telefonische Rückfragen tagsüber unter Nr.		40	Post-empfänger

99 10

Steuerpflichtige Person (Stpfl.), bei Ehegatten: Ehemann

Anschrift

Zeile		
2	Name Zimmermann	69
3	Vorname Peter	

4		Tag	Monat	Jahr	Religion	Ausgeübter Beruf
	Geburtsdatum	1 7	0 8	6 3	rk	Scheißtechniker

5	Straße und Hausnummer Hohenzollernring 131

6	Postleitzahl, derzeitiger Wohnort 4 5 6 5 7 Recklinghausen

7	Verheiratet seit dem	Verwitwet seit dem	Geschieden seit dem	Dauernd getrennt lebend seit dem

8	Eingetragene Lebenspartnerschaft seit dem (weitere Angaben bitte auf besonderem Blatt)

9	**Ehefrau:** Vorname

10	ggf. von Zeile 2 abweichender Name

11		Tag	Monat	Jahr	Religion	Ausgeübter Beruf
	Geburtsdatum					

Straße und Hausnummer, Postleitzahl, derzeitiger Wohnort (falls von Zeilen 5 und 6 abweichend)

Ehegatten auszufüllen:				Wir haben Gütergemeinschaft vereinbart		
...en-...g	Getrennte Veranlagung	Besondere Veranlagung für das Jahr der Eheschließung		Nein	Ja	

99 17

Art der Steuerfestsetzung

...ung **Bitte stets angeben!**

10

		Bankleitzahl		11	Alter		Religion	
					A	B	A	B

...telle) und Ort		77	von	bis	A KiSt.-Pflicht von Monat

Fall der Abtretung bitte amtlichen Abtretungsvordruck beifügen)

70	von	bis	B bis Monat

73	Angaben zur Er-stattung	83	Bescheid ohne Anschrift Ja = 1

...ir / uns zugesandt werden, sondern

74	Veran-lagungs-art	75	Zahl d. zusätzl. Bescheide

70	nichtamtlicher Vordruck Ja = 2

65

Die grünen Felder werden vom Finanzamt ausgefüllt.

12 Nummer	Zeitr. 11	Steuernummer	1 01 Vorg.	Fallgruppe

Eingangsstempel

[X] **Einkommensteuererklärung**
[ ] **Antrag auf Festsetzung der Arbeitnehmer-Sparzulage**
[ ] **Erklärung zur Feststellung des verbleibenden Verlustvortrags**

An das Finanzamt
Köln-Altstadt

Steuernummer ▓▓▓▓▓▓▓▓▓▓   bei Wohnsitzwechsel: bisheriges Finanzamt

[X] Ich rechne mit einer Einkommensteuererstattung.

99	10	**Allgemeine Angaben**	Telefonische Rückfragen tagsüber unter Nr.	40	Post-empfänger

Steuerpflichtige Person (Stpfl.), bei Ehegatten: **Ehemann**

69 Anschrift

Zeile

2 Name
Kempner

3 Vorname
Lutz

4 Geburtsdatum | Tag 0 7 | Monat 0 1 | Jahr 6 3 | Religion rk | Ausgeübter Beruf Ingenieur

5 Straße und Hausnummer
Hochstadenstr. 31

6 Postleitzahl, derzeitiger Wohnort
5 0 6 7 4   Köln

7 Verheiratet seit dem 10.05.1995 | Verwitwet seit dem | Geschieden seit dem | Dauernd getrennt lebend seit dem

8 Eingetragene Lebenspartnerschaft seit dem (weitere Angaben bitte auf besonderem Blatt)

9 **Ehefrau:** Vorname
Sabine

10 ggf. von Zeile 2 abweichender Name

11 Geburtsdatum | Tag 2 1 | Monat 0 3 | Jahr 6 8 | Religion ev. | Ausgeübter Beruf Familienmanagement

12 Straße und Hausnummer, Postleitzahl, derzeitiger Wohnort (falls von Zeilen 5 und 6 abweichend)

13 Nur von Ehegatten auszufüllen:
[X] Zusammen-veranlagung [ ] Getrennte Veranlagung [ ] Besondere Veranlagung für das Jahr der Eheschließung | Wir haben Gütergemeinschaft vereinbart [ ] Nein [ ] Ja

99	17	Art der Steuerfestsetzung

14 **Bankverbindung** Bitte stets angeben!   10

15 Kontonummer ▓▓▓▓▓▓▓   Bankleitzahl ▓▓▓▓▓▓   11 Alter A B Religion A B

16 Geldinstitut (Zweigstelle) und Ort ▓▓▓▓▓▓   77   von

17 Kontoinhaber Name (im ▓▓▓▓ ▓▓▓tretungsvordruck beifügen)
[X] lt. Zeilen 2 u. 3 oder:

18 Der S▓

19 41

20

2001

12	Nummer		Zeitr.	11	Steuernummer		1	01	Vorg.	Fallgruppe

Eingangsstempel

[X] **Einkommensteuererklärung**

[ ] **Antrag auf Festsetzung der Arbeitnehmer-Sparzulage**

[ ] **Erklärung zur Feststellung des verbleibenden Verlustvortrags**

An das Finanzamt
Bonn-Außenstadt

Steuernummer

bei Wohnsitzwechsel: bisheriges Finanzamt

[X] Ich rechne mit einer Einkommensteuererstattung.

Allgemeine Angaben

Telefonische Rückfragen tagsüber unter Nr.

40	Post-empfänger

Steuerpflichtige Person (Stpfl.), bei Ehegatten: Ehemann

99	10

Anschrift

69	

Zeile

2 Name
Friedrich

3 Vorname
Egbert

	Tag	Monat	Jahr	Religion	Ausgeübter Beruf
4 | Geburtsdatum | 1 0 | 0 1 | 5 1 | - | Gaslecksucher |

5 Straße und Hausnummer
Friedrich-Ebert-Str. 11

6 Postleitzahl, derzeitiger Wohnort
5 3 1 7 7 Bonn

7 Verheiratet seit dem | Verwitwet seit dem | Geschieden seit dem | Dauernd getrennt lebend seit dem

8 Eingetragene Lebenspartnerschaft seit dem (weitere Angaben bitte auf besonderem Blatt)

9 **Ehefrau:** Vorname

10 ggf. von Zeile 2 abweichender Name

	Tag	Monat	Jahr	Religion	Ausgeübter Beruf
11 | Geburtsdatum | | | | | |

12 Straße und Hausnummer, Postleitzahl, derzeitiger Wohnort (falls von Zeilen 5 und 6 abweichend)

Nur von Ehegatten auszufüllen:

13 [ ] Zusammenveranlagung [ ] Getrennte Veranlagung [ ] Besondere Veranlagung für das Jahr der Eheschließung

Wir haben Gütergemeinschaft vereinbart [ ] Nein [ ] Ja

99	17	

14 **Bankverbindung** Bitte stets angeben!

Art der Steuerfestsetzung

10	

Kontonummer

Bankleitzahl

	Alter		Religion	
	A	B	A	B
11				

Ort

77	von	bis	A KiSt.-Pflicht

(...ungsvordruck beifügen)

78	von	bis	B von Monat bis Monat

73	Angaben zur Er-stattung	83	Bescheid ohne Anschrift Ja = 1

74	Veran-lagungs-art	75	Zahl d. zusätzl. Bescheide

70	nichtamtlicher Vordruck Ja = 2

Nummer	Zeitr.	Steuernummer	Vorg.	Fallgruppe
12	11		1 01	

2001

Eingangsstempel

[X] **Einkommensteuererklärung**

[ ] Antrag auf Festsetzung der Arbeitnehmer-Sparzulage

[ ] Erklärung zur Feststellung des verbleibenden Verlustvortrags

An das Finanzamt

Köln – West

Steuernummer

bei Wohnsitzwechsel: bisheriges Finanzamt

viel und schnell!

[X] Ich rechne mit einer Einkommensteuererstattung.

99	10

Allgemeine Angaben

Steuerpflichtige Person (Stpfl.), bei Ehegatten: Ehemann

Telefonische Rückfragen tagsüber unter Nr.

40	empfänger
69	Anschrift

Zeile

2 Name *Greutlich*

3 Vorname *Helmut*

4 Geburtsdatum: Tag *09* Monat *02* Jahr *44* Religion *rk.* Ausgeübter Beruf *Ingenieur*

5 Straße und Hausnummer *Landgrafenstr. 12*

6 Postleitzahl, derzeitiger Wohnort *50931 Köln*

7 Verheiratet seit dem *16.9.72* | Verwitwet seit dem | Geschieden seit dem | Dauernd getrennt lebend seit dem

8 Eingetragene Lebenspartnerschaft seit dem (weitere Angaben bitte auf besonderem Blatt)

9 Ehefrau: Vorname *Renate*

10 ggf. von Zeile 2 abweichender Name

11 Geburtsdatum: Tag *21* Monat *03* Jahr *48* Religion *rk.* Ausgeübter Beruf *Hausfrau*

12 Straße und Hausnummer, Postleitzahl, derzeitiger Wohnort (falls von Zeilen 5 und 6 abweichend)

13 Nur von Ehegatten auszufüllen: [ ] Zusammenveranlagung [ ] Getrennte Veranlagung [ ] Besondere Veranlagung für das Jahr der Eheschließung | Wir haben Gütergemeinschaft vereinbart [ ] Nein [ ] Ja

99	17

Art der Steuerfestsetzung

14 **Bankverbindung** Bitte stets angeben!

10

15 Kontonummer | Bankleitzahl

11	Alter A B	Religion A B

16 Geldinstitut (Zweigstelle) und Ort

| 77 | von | bis | A Dauer der Kirchl. Pflicht von Monat |
| | | bis | B bis Monat |

17 Kontoinhaber Name (im Fall der Abtretung bitte amtlichen Abtretungsvordruck beifügen) [X] lt. Zeilen 2 u. 3 oder:

18 Der Steuerbescheid soll nicht mi...

19 | 41 | Name

20 | 42 | Vorn...

12.	Nummer		Zeitr.	11	Steuernummer			1	01	Vorg.	Fallgruppe

2001

Eingangsstempel

☒ **Einkommensteuererklärung**

☐ **Antrag auf Festsetzung der Arbeitnehmer-Sparzulage**

☐ **Erklärung zur Feststellung des verbleibenden Verlustvortrags**

An das Finanzamt
Gladbeck

Steuernummer	bei Wohnsitzwechsel: bisheriges Finanzamt

Ich rechne mit einer Einkommensteuererstattung.

99 10	**Allgemeine Angaben** Steuerpflichtige Person (Stpfl.), bei Ehegatten: **Ehemann**	Telefonische Rückfragen tagsüber unter Nr.

| 40 | Post-empfänger |
| Anschrift |

Zeile		
2	Name **Kleinert**	69
3	Vorname **Rudolf**	
4	Tag Monat Jahr Religion — Geburtsdatum 1 4 1 1 4 1 ev. — Ausgeübter Beruf **kein Arbeitsverhältnis mehr**	
5	Straße und Hausnummer **Lessingstraße 12** — HURRA! HURRA!	
6	Postleitzahl, derzeitiger Wohnort	
7	Verheiratet seit dem **26.5.1969** / Verwitwet seit dem / Geschieden seit dem / Dauernd getrennt lebend seit dem	
8	Eingetragene Lebenspartnerschaft seit dem (weitere Angaben bitte auf besonderem Blatt)	
9	**Ehefrau: Vorname** **Renate**	
10	ggf. von Zeile 2 abweichender Name	
11	Tag Monat Jahr Religion — Geburtsdatum 2 1 1 0 4 7 rk. — Ausgeübter Beruf **Hausfrau**	
12	Straße und Hausnummer, Postleitzahl, derzeitiger Wohnort (falls von Zeilen 5 und 6 abweichend)	

13	**Nur von Ehegatten auszufüllen:** ☒ Zusammen-veranlagung ☐ Getrennte Veranlagung ☐ Besondere Veranlagung für das Jahr der Eheschließung / Wir haben Gütergemeinschaft vereinbart Nein ☒ Ja

| 99 | 17 |
| Art der Steuerfestsetzung |

14	**Bankverbindung** Bitte stets angeben!

| 10 | | | |

15	Kontonummer — Bankleitzahl

| 11 | Alter A B Religion A B |

Geldinstitut (Zweigstelle) und Ort

| 77 | von bis Dauer der A Kist. Pflicht |

Kontoinhaber Name (im Fall der Abtretung bitte amtlichen Abtretungsvordruck beifügen)
lt. Zeilen 2 u. 3 oder:

| 78 | von bis von Monat B bis Monat |

| 73 | Angaben zur Erstattung 83 Bescheid ohne Anschrift Ja = 1 |
| Veranlagungs-art 75 Zahl d. zusätzl. Bescheide |

nichtamtlicher Vordruck

Helge Hemmler
Pestalozzistr. 45

Finanzamt Lüdinghausen
Bahnhofstr. 32

59348 Lüdinghausen

Bochum, 13.11.2002

Einkommensteuererklärung 2000

Sehr geehrte Damen und Herren,

herzlichen Dank für Ihre freundliche Einladung, bei Ihnen meine Einkommensteuererklärung für das Jahr 2000 abzugeben.

Dies habe ich bei dem für meinen Wohnort zuständigen Finanzamt bereits sehr erfolgreich mit einer sehr angenehmen Steuerrückerstattung erledigt.

Sollte jedoch eine weitere Erklärung bei Ihnen möglich sein, mit der Option des gleichen Rückzahlungsbetrages, möchte ich von dieser Möglichkeit Gebrauch machen, da dann die Renovierung meines Badezimmers selbst in Luxusausstattung bezahlt wäre.

Ich freue mich auf eine positive Nachricht Ihrerseits.

Mit freundlichen Grüßen

Und die Antwort ließ nicht lange auf sich warten:

Finanzamt Lüdinghausen
Bahnhofstraße 32
59348 Lüdinghausen

Herrn
Helge Hemmler
Pestalozzistraße 45

44793 Bochum

Sehr geehrter Herr Hemmler,

mit Freude habe ich zur Kenntnis genommen, daß Sie Ihre bereits erhaltene Steuererstattung einer sinnvollen Verwendung zugeführt haben. Leider muß ich eine weitere Beteiligung an einer Luxussanierung Ihres Badezimmers ablehnen. Auch wenn steuerliche Subventionen in schweren Zeiten durchaus Sinn machen, kann eine mehrfache Steuererstattung nicht in Betracht kommen.

Für die aufgrund eines organisatorischen Versehens zu Unrecht erfolgte Mahnung darf ich mich bei Ihnen entschuldigen und nehme dankbar zur Kenntnis, daß Sie dieser im Mahngeschäft leider nicht immer zu vermeidenden Unzulänglichkeit mit dem notwendigen Humor entgegengetreten sind.

Mit freundlichen Grüßen

Brief einer älteren Dame:

Sehr geehrte Herren!

Ich habe eine Bitte: Schimpfen Sie nicht, daß ich Ihnen alles so lose schicke!
Ich fühle mich zur Zeit nicht so gut, ich alte Dame.
Sollten Sie keine Zeit haben, mir zu helfen, rufen Sie mich an. Ich hole dann alles wieder ab.
Die Schokolade soll keine Beamtenbestechung sein, sondern lediglich ein Gruß von der „Oma" oder „Tante".

Gruß

Steuerbüro P. Nibel & G. Nau

Finanzamt Ibbenbüren
Uphof 10

49477 Ibbenbüren

Steuererklärungen 1999

Guten Morgen, meine sehr geehrten Damen und Herren,

das Schicksal mischt täglich die Karten, und wir spielen mit.

Anfänglich hatten wir im Spiel um die 99er Erklärungen recht gute Karten auf der Hand, doch
dann gab es nur noch „Luschen". Was uns jetzt noch
helfen könnte, das Spiel gleichwohl zu gewinnen?

Ihr ASS   eine Fristverlängerung für alle noch von uns
abzugebenden Steuererklärungen 1999 bis zum
30. April!

Lassen Sie uns gewinnen?

fragt am 28.2.2001

Steuerberater
P. Nibel

Aus einer Steuererklärung für das Jahr 1988, Anlage N:

Angaben über Zeiten und Gründe der Nichtbeschäftigung (Anlage N, Zeilen 15, 16)

```
1.7.87 - 30.7.88 (der Firmeninhaber wurde verrückt (psychisch krank), was
nicht meine Schuld war.)
```

Dieser Brief erreichte ein Finanzamt im Mai 1992:

```
Sehr geehrte Damen und Herren,

als „Lohnsteuerdepp" unterliege ich keinerlei Buchführungs- oder Aufzeich-
nungspflichten. Es kann daher nicht von mir verlangt werden, daß ich über
jeden Besuch einer öffentlichen Bedürfnisanstalt einen gerichtsverwert-
baren Nachweis vorlege.

Hochachtungsvoll
```

An ein Finanzamt in Niedersachsen schrieb ein Steuerpflichtiger folgenden Brief:

Betr.: Kirchensteuer

Sehr geehrte Damen und Herren,

den auf der Lohnsteuerkarte vermerkten Kirchesteuerabzug RK bitte ich zu
streichen. Aufgrund der Einstellung der RK-Kirche bin ich nicht länger
gewillt, von meinem Gehalt etwas an die RK-Kirche abzugeben.
Mit einem vollen Lohnsteuerabzug für die evangelische Kirche bin ich einverstanden.

Mit der Bitte, die Lohnsteuerkarte entsprechend zu ändern.

Mit freundlichen Grüßen

Diese Hamburger Bürgerin wollte auf keinen Fall Steuerschulden haben:

Betr.: St.-Nr. 123/4567
      Umsatzsteuer 2001

Sehr geehrte Damen und Herren,

anliegend erhalten Sie die Umsatzsteuererklärung für 2001.
Daraus ergibt sich eine Nachzahlung von 0,72 DM = 0,37 Euro.
Briefmarke anbei.

Mit freundlichen Grüßen

Anmerkung des Herausgebers: Dem Schreiben lag tatsächlich eine Briefmarke im Wert von
0,56 Euro bei.

Ob's geholfen hat?

16	Geldinstitut (Zweigstelle) und Ort KREISSPARKASSE RECKLINGH.	77	von / bis / Dauer der A KiSt.-Pflicht
17	Kontoinhaber Name (im Fall der Abtretung bitte amtlichen Abtretungsvordruck beifügen) X lt. Zeilen 2 u. 3 oder:	78	von / bis / von Monat B bis Monat
18	**Der Steuerbescheid soll nicht mir / uns zugesandt werden, sondern**	73	Angaben zur Er- 83 Bescheid ohne Anschrift stattung Ja = 1
19	41 Name	74	Veran- lagungs- 75 Zahl d. zusätzl. art Bescheide
20	42 Vorname	70	nichtamtlicher Vordruck Ja = 2
21	43 Straße und Hausnummer oder Postfach		
22	45 Postleitzahl, Wohnort		

Unterschrift Die mit der Steuererklärung angeforderten Daten werden aufgrund der §§ 149 ff. der Abgabenordnung und der §§ 25, 46 des Einkommensteuergesetzes erhoben.

23 24	Ich versichere, dass ich die Angaben in dieser Steuererklärung wahrheitsgemäß nach bestem Wissen und Gewissen gemacht habe. Mir ist bekannt, dass Angaben über Kindschaftsverhältnisse und Pauschbeträge für Behinderte erforderlichenfalls der Gemeinde mitgeteilt werden, die für die Ausstellung der Lohnsteuerkarten zuständig ist.	Bei der Anfertigung dieser Steuererklärung hat mitgewirkt :
25		*Mein Nachbar Herbert.*
26	*Müller*	
27	Datum, Unterschrift(en) Steuererklärungen sind eigenhändig – bei Ehegatten von beiden – zu unterschreiben.	

ESt 1 A – Einkommensteuererklärung für unbeschränkt Steuerpflichtige – Aug. 2001

V. (Selbst-) Anzeigen und gute Ausreden

Ich und steuerflüchtig?

Bei meiner Figur?
Kann gar nicht sein!

Luciano Pavarotti

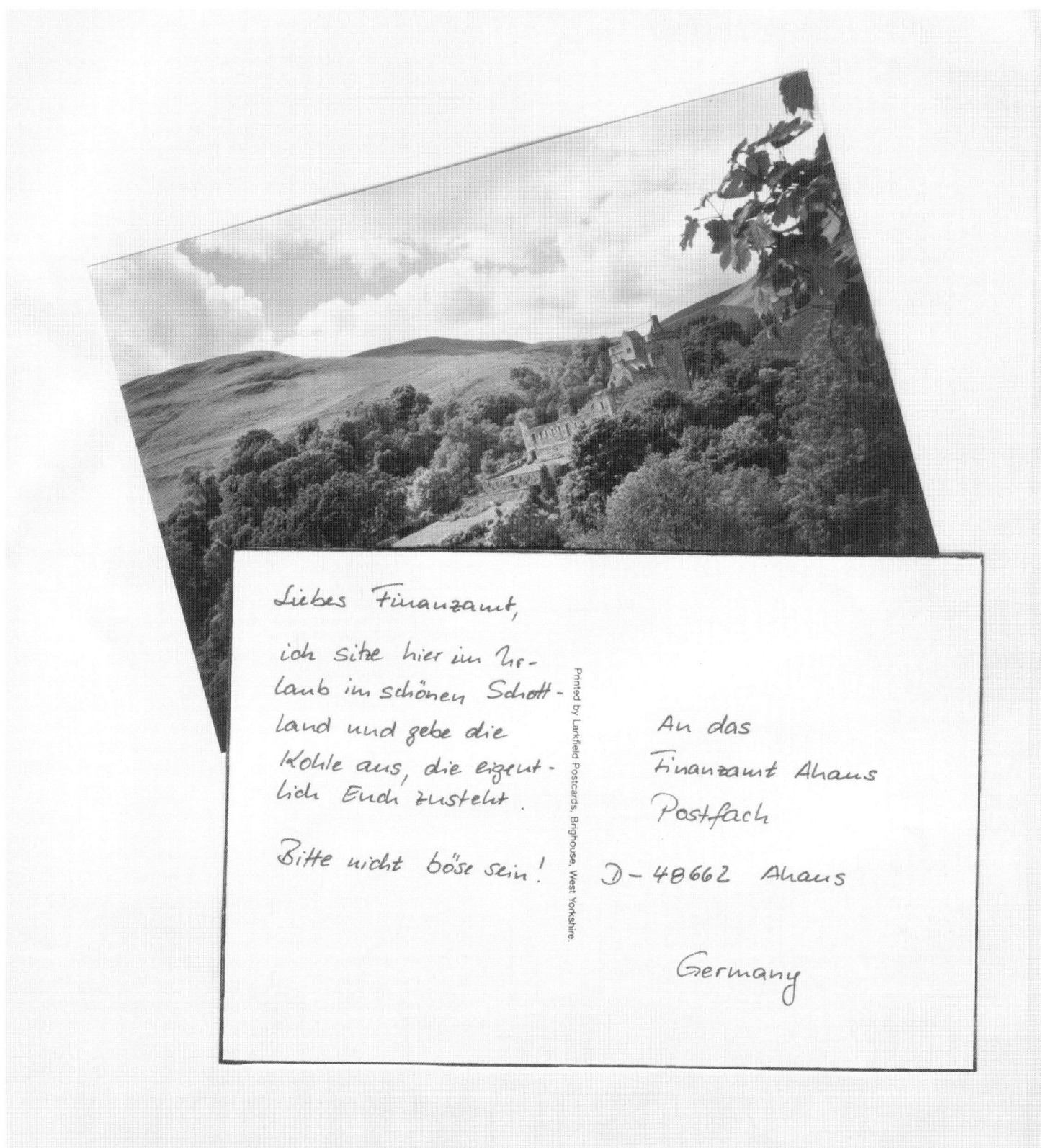

Liebes Finanzamt,

ich sitze hier im Ur-
laub im schönen Schott-
land und gebe die
Kohle aus, die eigent-
lich Euch zusteht.

Bitte nicht böse sein!

Printed by Larkfield Postcards, Brighouse, West Yorkshire.

An das
Finanzamt Ahaus
Postfach

D - 48662   Ahaus

Germany

78

Hiermit zeige ich Frau ███████████ an, sie hat viele Jahre keine Steuern bezahlt.

Sie wohnt in B██████████ und war viele Jahre bei Dr. ██████ als Putzhilfe beschäftigt. Nie hat sie Steuern bezahlt.

Ihre genaue Adresse weiß ich nich. Sie wohnte früher Krummweg. Ihren Mann hat sie mit Bekannten betrogen, bis ins Bett, trotzdem sie verheiratet war. Dann kam die Scheidung, und sie hat sich erbärmlich benommen.

Sie hat viel Geld von ihrem Mann gekriegt und trotzdem viele Jahre Geld vom Sozialamt gekriegt. Immer hat sie gesagt, weil sie arm sind. Aber das stimmt nicht.

Ich wünsche das sie ihr Fett abkriegt.

Gronau, 22. September 1998

Finanzamt Ahaus
Herrn Direktor ███████ persönlich
Vredener Dyk 2

48662 Ahaus

Sehr geehrter Herr Direktor ██████,

schon seit längerer Zeit habe ich ein schlechtes Gewissen, weil ich verschiedene Zinseinkünfte nicht versteuert habe. Mir ist die Größenordnung nicht bewußt, gehe allerdings davon aus, daß der beiliegende Betrag von DM 3.500,-- sicherlich ausreicht.

Ich wahre die Anonymität, da ich sonst möglicherweise unbeteiligte Personen in irgendeiner Art und Weise belasten würde. Dies kann ich mit meinem Gewissen nicht verantworten.

Herr Direktor ██████, ich bitte vielmals und aufrichtig um Entschuldigung und hoffe auf ihr Verständnis für eine Selbstanzeige dieser Art.

Herr Direktor, ich danke Ihnen.

Aus einer weiteren Selbstanzeige an das Finanzamt Ahaus:

... tut mir meine bisherige Steuerhinterziehung leid. Da ich seitdem nachts nicht mehr schlafen kann, schicke ich Ihnen hiermit einen Scheck über 10.000 DM zum Ausgleich des Schadens. Sollte ich danach immer noch nicht schlafen können, schicke ich Ihnen auch noch den Rest.

Mit freundlichen Grüßen

anonym   15.2.2001

an das Finanzamt

Warburg

Anbei 1.500,- DM (in Worten: eintausendfünfhundert) nicht bezahlte Steuer
für handwerkliche Leistungen, die ich jetzt mit 16 % versteuern will.

Diesen Betrag von 1.500,- DM lege ich in bar (gebündelt in einem Ein-
tausendmarkschein und einem Fünfhundertmarkschein) diesem Brief bei, und
werde in am späten Vormittag des 20.2.2001 in den Hausbriefkasten Ihres
Finanzamts einwerfen oder ihn anonym beim Pförtner des Finanzamts abgeben.

Der o.g. Geldbetrag muß also am 20.2.2001 oder spätestens am folgenden
Arbeitstag als anonymer Geldeingang beim Finanzamt verbucht sein. Eine
separate Kontrollmitteilung an den zuständigen Abteilungsleiter oder auch
den Vorsteher des Finanzamtes behalte ich mir ausdrücklich vor.

Anmerkung: Der Tausendmarkschein trägt die Nummer AK5185592A6, der
Fünfhundertmarkschein die Nummer AD3250469A5.

Ihre Vermählung geben bekannt

Wir mußten nicht, wir brauchten nicht, wir wollten einfach

Wir legalisierten unsere wilde Ehe und

heirateten

Steuer Gerechtigkeit   **Steuer Amnestie**

geb. Hinterziehung

Bonn 1988

Die Trauung fand vor verschlossenen Augen der Bevölkerung statt.
Wir bedauern aufrichtig alle Dummen, die unseren Weg nicht gingen.
Wir bedanken uns insbesondere bei den Brautleuten für ihre Groß-
zügigkeit.

Anmerkung des Herausgebers:

Anzeige in der Zeitschrift „Die Steuer-Warte" der Deutschen Steuergewerkschaft 1988. Im Rahmen des Steuerreformgesetzes 1990 wurde in Artikel 17 auch das umstrittene Gesetz über die strafbefreiende Erklärung von Kapitalvermögen und von Einkünften aus Kapitalvermögen verabschiedet. Heute hat diese Anzeige neue Aktualität gewonnen.

HEINISCH

Luisa und Ludwig Lorenz   Füssen, 2.2.2002

Liebes Finanzamt,

auf Ihre Anfrage, wie wir von den von uns erklärten geringen Gewinnen unseres Betriebes unseren Lebensunterhalt für die Familie und die Unterhaltskosten unseres Hauses bestreiten geben wir Ihnen folgende Erläuterungen:

1.   Wir kaufen nur Brot vom Vortag zum halben Preis; die Bäckerei Müller wird Ihnen das bestätigen.
2.   Fleisch kaufen wir nur im Angebot, z.B. Nackenbraten, der anschließend geschnitten wird. Die Scheiben packen wie in Folie (von alten Brottüten) in die Truhe.
3.   Joghurt und dergleichen kaufen wir nach Ablauf des Verfallsdatums ebenfalls zum halben Preis.

Wenn auch Sozialhilfeempfänger so leben würden, hätte dieses Land weniger Schulden.

Wir sind schon als Kinder zum Sparen angehalten worden und haben dies an unsere fünf Kinder weitergegeben. Wenn wir einmal im Monat waschen, fangen wir nach der ersten Weißwäsche die Lauge auf und gebrauchen diese für die dunklere Wäsche.

Mein Mann trägt nur Hosen von Bekannten, wenn diese zu klein wurden, meine Kleidung nähe ich selbst. Schuhe vom Trödel, Geschenke machen wir uns nicht. Urlaub allenfalls als billige Werbefahrt.

Ich weiß, Sie können das alles kaum glauben, aber wir können für alles Zeugen benennen. Fragen Sie unsere Kinder oder unsere Nachbarn.

An das
Finanzamt Koblenz

Koblenz, 30.3.2001

Liebes Finanzamt,

wir nehmen Bezug auf Ihren Brief vom 16.2.2001, in dem Sie anfragen, wie wir es geschafft haben, in nur 4 Jahren 350.000 DM ansparen zu können.

Seit unserer Hochzeit war es unser größter Wunsch, ein eigenes Haus zu besitzen. Wir haben daher jede Mark, die möglich war, gespart.

- Wir sind beide Nichtraucher, haben nie Bars oder Discos besucht.
- Geldgeschenke zu Weihnachten, Geburtstagen oder Ostern sowie die Weihnachts- und Urlaubsgelder wurden zurückgelegt.
- Wir waren zurückhaltend mit dem Kauf neuer Bekleidung und anderweitigen Anschaffungen.
- Reparaturen aller Art wurden von uns selbst durchgeführt (Auto, Haushalt, Wohnung).
- Durch eine Haarschneidemaschine konnten wir über all die Jahre Frisörbesuche einsparen.
- Nach dem Tod meiner Schwiegermutter hat uns mein Schwiegervater des öfteren bekocht.
- Wir hatten keine Lebens-, Hausrat- oder Haftpflichtversicherung einbezahlt.
- Sonderangebote, MHD-Prdukte und 2. Wahl-Erzeugnisse haben das Haushaltsgeld entlastet.

Durch diese sparsame Lebensgestaltung, zwei Einkommen plus die jährliche Eigenheimförderung war die Sparrate und der Bau des von Ihnen als wohl unbezahlbar eingestuften Hauses möglich.

Mit freundlichen Grüßen

VI. Die Ehe im Steuerrecht und (andere) außergewöhnliche Belastungen

Gibt es eigentlich noch etwas Komplizierteres
als die Beziehung zwischen Mann und Frau?

Ja, die Steuererklärung

P. Gaymann

Ob das Finanzamt da helfen kann?

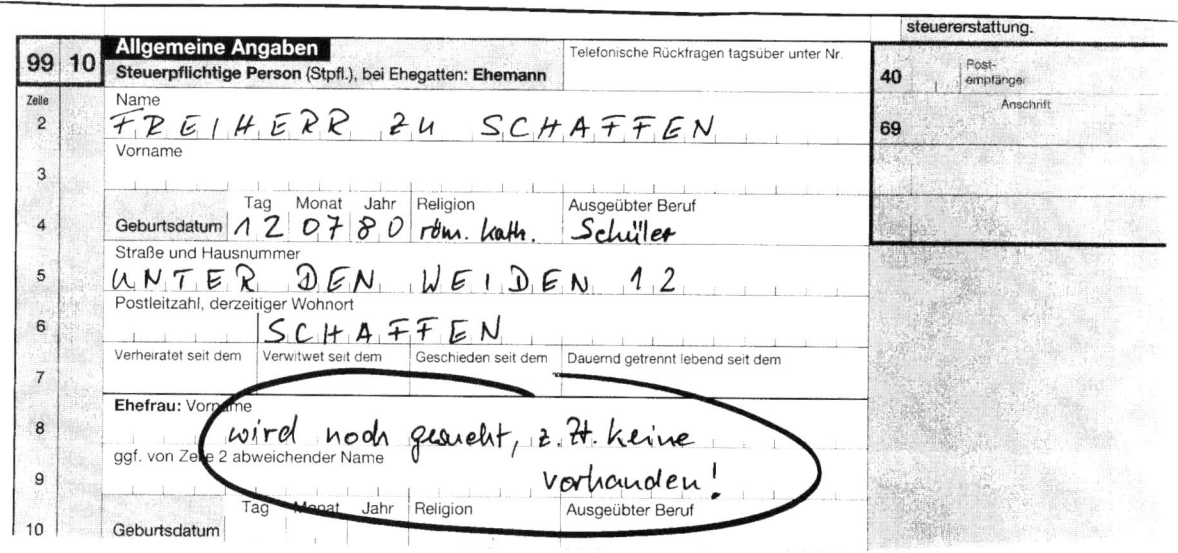

Vielleicht funktioniert es ja auf diesem Weg:

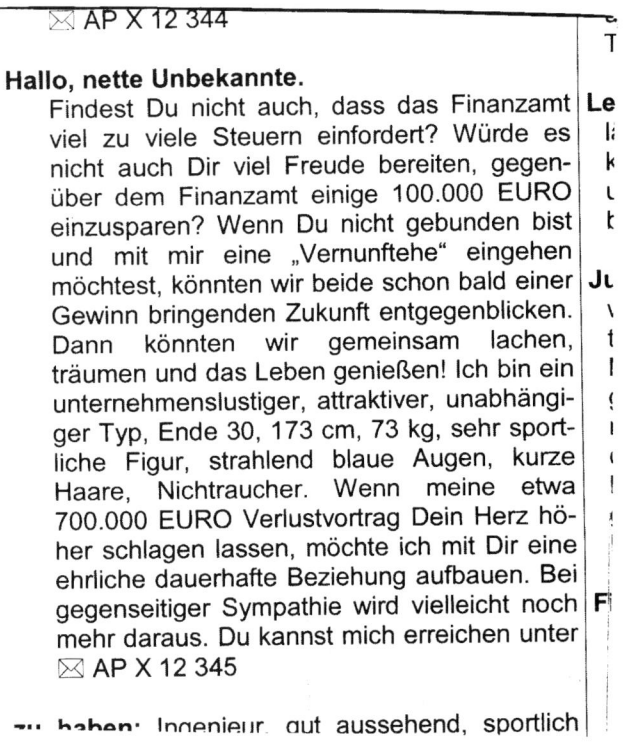

⊠ AP X 12 344

Hallo, nette Unbekannte.
Findest Du nicht auch, dass das Finanzamt viel zu viele Steuern einfordert? Würde es nicht auch Dir viel Freude bereiten, gegenüber dem Finanzamt einige 100.000 EURO einzusparen? Wenn Du nicht gebunden bist und mit mir eine „Vernunftehe" eingehen möchtest, könnten wir beide schon bald einer Gewinn bringenden Zukunft entgegenblicken. Dann könnten wir gemeinsam lachen, träumen und das Leben genießen! Ich bin ein unternehmenslustiger, attraktiver, unabhängiger Typ, Ende 30, 173 cm, 73 kg, sehr sportliche Figur, strahlend blaue Augen, kurze Haare, Nichtraucher. Wenn meine etwa 700.000 EURO Verlustvortrag Dein Herz höher schlagen lassen, möchte ich mit Dir eine ehrliche dauerhafte Beziehung aufbauen. Bei gegenseitiger Sympathie wird vielleicht noch mehr daraus. Du kannst mich erreichen unter
⊠ AP X 12 345

zu haben: Ingenieur, gut aussehend, sportlich

aus dem Mindener Tageblatt vom 23.2.2002

„Der Ertragsanteil der Ehefrau wurde wie in den Vorjahren mit 29 % berücksichtigt."

(Erläuterungen zu einem Steuerbescheid)

„Im Veranlagungszeitraum konnte der Nutzungswert der Schwiegermutter mit 2.300 DM als dauernde Last berücksichtigt werden."

(Erläuterungen zu einem Steuerbescheid)

Westfälisches Nachrichten vom 5.12.1996:

Dem Vorsteher des Finanzamts Lüdinghausen zur Kenntnis!
Wir möchten ab sofort unter einer Steuernummer
gemeinsam veranlagt werden:

Marlies Müller & Thorsten Bröseke

Hofkamp 35 – 48308 Ottmarsbocholt

Die Veranlagungsvordrucke zur Einkommensteuer 1996 einschließlich der
erforderlichen Anlagen können uns per Boten am 6.12.1996
gegen 14.30 Uhr im Rathaus zu Senden zugestellt werden.

Die spätere Geltendmachung von Kinderfreibeträgen
behalten wir uns ausdrücklich vor.

Darauf hat das Finanzamt tatsächlich reagiert:
Mit Dienstausweisen und Steuererklärungsvordrucken ausgestattet fuhren zwei Bedienstete des
Finanzamts zum angegebenen Termin zum Standesamt und mischten sich unter die Gratulanten.

Und auch das hat tatsächlich so in der Zeitung gestanden:

An den Vorsteher des Finanzamts Lüdinghausen!

Hiermit beantrage ich die Gewährung eines Kinderfreibetrages für

Alexander Bröseke

geb. am 5.8.2001 – Größe 50 cm – Gewicht 3.200 g

Weitere Angaben sowie die Anlage Kinder erhalten Sie durch meine Eltern
Marlies und Thorsten Bröseke

Neuer Grund 25 – 48268 Greven

Aus einem Brief an das Finanzamt Ahaus:

Sehr geehrte Herren,

Ich bedanke mich bei Ihnen für die gegebene Frist. Es haben sich sogar die Papiere gefunden, bei meiner Frau. Ich schicke Ihnen das alles zur Bearbeitung zu. Da ich an einer Fortbildung teilnehme, die von morgens bis spät nachmittags geht muß ich es auf diesem Weg machen.

Ich bedanke mich nochmals für Ihre Bemühungen.

Das ganze hat auch eine gute Seite. Dadurch das ich wegen dieser Angelegenheit meine Frau viel anrufen mußte kommen wir wieder zusammen. Ich habe die Scheidung zurückgezogen und gebe ihr noch einmal eine Chance.

In einem anderen Brief beschwert sich eine Steuerpflichtige:

es kann nicht sein, daß solche Kosten steuerlich keine Anerkennung finden.

Seit der Trennung von meinem Mann wird jeder notwendige Verkehr durch meinen Rechtsanwalt erledigt.

Helmuth Schwartzer

Detmoldstr. 17

30171 Hannover

An das

Finanzamt Hannover-Land

Steuerveranlagung 1994

Sehr geehrte Damen und Herren,

ich bitte, meine Steuerschuld aus dem letzten Jahr als außergewöhnliche Belastung anzuerkennen.

Hilfsweise bitte ich um Anerkennung des Pauschbetrages für Behinderte. Der Steuerbürger ist außergewöhnlich in seiner Bewegungsfreiheit behindert und belastet.

Mit freundlichen Grüßen

An das   16.01.2001

Finanzamt Gelsenkirchen-Nord

Postfach

45894 Gelsenkirchen

Unterlagen für Krankheitskosten

Sehr geehrte Damen und Herren,

leider können wir die angeforderten Unterlagen nicht mehr im Original vorlegen, da unser junger Hund in einem unbewachten Augenblick diese Unterlagen angeknabbert, „durchgesabbert" und teilweise völlig zerfetzt hat.

Bitte entschuldigen Sie diese Nachlässigkeit. Unserem kleinen Hundemädchen fällt immer wieder etwas Neues ein, auch heute noch, obwohl sie langsam erwachsen werden müßte.

Mit freundlichen Grüßen

VII. Einspruch, Euer Ehren!

Die Kunst, Steuern einzunehmen,
besteht darin,
die Gans zu rupfen,
ohne daß sie schreit.

Maximilien de Béthune Duc de Sully (Trésorier unter Henry IV.)

Lutz Fröhlich   4.April 2002

Sonnenberg 7

67657 Kaiserslautern

Finanzamt

Eisenbahnstr. 56

67655 Kaiserslautern

Einkommensteuerbescheid für 2001 vom 21.3.2002

Hiermit lege ich gegen den o.g. Bescheid Einspruch ein.

Begründung:

Ich bin im Außendienst tätig. Die von mir geltend gemachten Aufwendungen von 400,- DM für Toilettenfrauen/sanitäre Anlagen auf Autobahnraststätten sind als Werbungskosten zu berücksichtigen. Meine diesbezüglichen Bedürfnisse während der Reisetätigkeit sind ausschließlich beruflich veranlaßt.

Mit freundlichen Grüßen

An das
Finanzamt Hamburg Altona

Einspruch

Sehr geehrte Damen und Herren,

mein Steuerbescheid vom 11. August muß falsch sein, denn ich hatte eine
Einkommensteuererstattung beantragt (siehe Kreuz auf der ersten Seite der
Steuererklärung), Ihr Steuerbescheid endet aber mit einer Nachzahlung.

Damit bin ich nicht einverstanden. Bitte nehmen Sie diesen zurück.

Gruß

An das
Finanzamt Coesfeld

48653 Coesfeld

Betrifft: Pekuniärer Melkversuch eines Nichtlandwirtes
Bezug: Ihr Schreiben zu meiner Belustigung vom 7. des Monats

Sehr geehrte Damen und Herren,

ich bin sehr erfreut über Ihre Nachricht, einen landwirtschaftlichen Pachtbetrieb zu bewirtschaften, war mir dies doch bisher nicht bekannt. Da es sich aber bei Ihrem Schreiben um ein Behördenschreiben handelt, muß jedoch alles seine Richtigkeit haben. Ich zog daher eine periodische Amnesie und eine somnambule Besetzung meiner Person in Betracht und vergewisserte mich vorsorglich bei der Landwirtschaftskammer, der landwirtschaftlichen Berufsgenossenschaft und der Gemeindeverwaltung. Zu meinem unermeßlichen Bedauern stehen diese Behörden mit Ihrer Aussage in Konkurrenz, denn diese wollen mich ganz offensichtlich nicht als Landwirt ansehen. Sie behaupten vielmehr – ganz unbürokratisch und antifiskalisch – das Wohnen auf dem Lande führe nicht zwangsläufig zu einem landwirtschaftlichen Betrieb.

Habe ich Ihren Fragebogen daher falsch verstanden? Völlig in mich gekehrt sinnierte ich über die Stringenz Ihrer Fragen und mußte zu meinem Entsetzen feststellen, daß ich diese nicht beantworten kann. Welche Folgen wird das nach sich ziehen?

So konnte ich die Rubrik „Enten" nicht ausfüllen, denn ich besitze keine Enten, sondern nur eine Ente. Ihr Formblatt fragt aber eindeutig nach dem Pluralnomen „Enten".

Auch mit meinen fünf Hühnern habe ich so meine Schwierigkeiten. Drei dieser hinterhältigen Kreaturen legen ihre Eier in des Nachbars Weide, die dieser dann auch noch an sich nimmt. Obwohl dies ein offensichtliches Indiz für die Verarmung dieses Berufsstandes (mein Nachbar ist Landwirt) ist, werten Sie bitte dieses Schreiben zugleich als Kontrollmitteilung. Nur, wie soll ich die verlegten zwölf Hühnereier pro Woche im Rahmen Ihrer Anfrage verarbeiten?

Besonders schwierig wird es bei den Kompostwürmern. Die Anzahl dieser Adjutanten des Hobby-gärtners, auch eisenia fortida genannt und nicht zu verwechseln mit dem gemeinen Ackerregen-wurm, der aufgrund seiner geringen Größe sicherlich einer anderen Steuerklasse zugehörig sein dürfte, ist aufgrund der hohen Populationsrate und der Spatenteilung einer ständigen Fluktuation unterworfen, so daß zum Bestandsumfang keine verläßlichen Daten übermittelt werden können. Ich kann allenfalls anregen, Ihre Außendienstmitarbeiter mit Sieb und Spaten bewaffnet, meine Mieten durchsieben zu lassen.

Zu den Schafen sei anzumerken, daß zwei dieser lebenden Rasenmäher auf unserem Grundstück ihren Dienst verrichten. Erschwerend kommt hinzu, daß der Bock im Alleineigentum meiner Ehefrau steht, von ihr erworben und verwöhnt.

Die Anzahl der Schafsläuse dürfte Sie kaum interessieren, da das Finanzamt bekanntlich nichts ge-gen Parasiten hat.

In der Annahme, daß sich Ihre vorirrte Anfrage damit erledigt hat

grüßt

Niedersächsische Steuerbürger scheinen nicht nur Freunde klarer Worte zu sein, sondern auch besonders informiert, was sie zu einer fundierten Meinungsbildung befähigt, wie diese beiden Briefe an das Finanzamt Hannover-Land aus dem Jahr 1991 zeigen:

unter Bezugnahme auf die ARD-Fernsehsendung "Ratgeber Recht" vom 24.11.1991 um 17.00 Uhr lege ich hiermit gegen meinen Einkommensteuerbescheid Einspruch ein, insbesondere gegen die sog. "Solidaritätsabgabe".

Ich bin nicht bereit, für das nichtsnutzige DDR-Volk auch nur einen Pfennig zu bezahlen.

Mit freundlichen Grüßen

und:

Mein Antrag vom 8.7.1990 im Hinblick auf das BFH-Urteil vom 13.3.1990 (IX R 104/85) wurde von Ihnen bisher nicht bearbeitet.

Ich bitte nunmehr, den mir zustehenden Betrag umgehend zu überweisen. Herd und Spüle sind absetzbar, also bitte zurück mit der zuviel gezahlten Kohle.

Mit freundlichen Grüßen

Steuerbüro
G. M. Ecker

Vorgang: Einspruch gegen den Bescheid vom 8.3.2001 über die Ablehnung meines Antrags

auf Aussetzung der Vollziehung betreffend ESt pp 1999

Mandant: P. Leite

Sehr geehrte Damen und Herren!

Namens und in Vollmacht meiner o.g. Mandanten lege ich gegen den o.g. Bescheid

E i n s p r u c h

ein und wiederhole meinen Antrag auf AdV.

Begründung:

Zur Begründung verweise ich auf meinen Einspruch vom 27.2.2001. Offensichtlich soll hier ein Exempel statuiert werden, um darzustellen, wer „Herr im Hause" ist. Der nach meiner Rechtsauffassung laufende Willkürakt findet mit der o.a. Ablehnung seine bewußte Fortsetzung.

Gruß

Überblick verloren?

Sehr geehrte Damen und Herren,

mein Einkommensteuerbescheid für das Jahr 2000 muß falsch sein.

Es kann doch nicht sein, daß ich bei gleichem Viehbestand wie 1999 im Jahre 2000 höhere Einkünfte aus der Landwirtschaft versteuern muß.

Wir halten auf unserem Hof *nur Rinder*, *Bullen* und ein paar *Kühe* mit Kälbern. Diese Preise waren doch gerade 2000 total niedrig.

Auch hat unser Betrieb jede Menge Unkosten, die können doch meine 8 bis 10 *Sauen* auch nicht erwirtschaften.

Ich bitte um Rückantwort.

Ratlos:

Sehr geehrte Damen und Herren,

am 21.11.1997 erhielten wir Ihr Schreiben vom 20.11.1997, in dem Sie uns auffordern, die Unterlagen bis zum 19.11.1997 nachzureichen.

Muß das sein?

Wir bitten um Überprüfung und Benachrichtigung.
Sollte Ihr Antwortschreiben dann vom 28.11.1998 bereits am 27.11.1997 hier eintreffen, werden wir am 26.11. 1997 die BILD-Zeitung informieren.

mit freundlichen Grüßen

Entrüstet zeigte sich dieser senegalesische Botschaftsangehörige:

Gegen den Einkommensteuerbescheid vom 11.4. lege ich hiermit Einspruch ein. Sie haben die Zahlung des Gehalts an die einheimische Köchin nicht als Werbungskosten anerkannt, obwohl die Köchin allenfalls zu 20 % privat genutzt wird.

Mit freundlichen Grüßen

Der Lehrerberuf fordert dem Einzelnen so manches ab ...

...

Betr.: Einkommensteuer 1998

Da weht also ein neuer Wind, gestrichen und gekürzt wie noch nie.

Aber die Erklärung, der Skikurs in Tirol könne nicht anerkannt werden, da eine „objektive Trennung von beruflicher/privater Veranlassung nicht möglich ist", ist empörend.

Zur Anregung Ihrer Fantasie: 7.00 Uhr Wecken, Medizin nehmen, 1 Stunde Fahrt ins Skigebiet. Von 10.00 Uhr bis 16.00 Uhr in erhöhter Risiko-Situation (eine falsche Entscheidung kann sich auf Leib und Leben auswirken). Bis zum Abendessen dann psychotherapeutische Tätigkeit, nach dem Abendessen Unterhaltungskünstler und in der Nacht Kampf gegen betrunkene fensterlnde Dorfburschen. Und das 10 Tage lang.

Fragen Sie doch mal in meiner Schule, wer das noch macht.

Ich erhebe Einspruch.

*... während die Finanzbehörden oft genug das nötige Verständnis vermissen lassen –
abgelehnt und aufgehängt:*

...

Alles, was die Beamtin prognostiziert hat, ist so eingetreten, d.h. man
hat alles so exakt gehandhabt.
Alles abgelehnt, keine Billigkeit, kein Ermessen!

Wie das so geht, mit den ganzen Klagen. Alles abgelehnt, abgelehnt auch
vom Finanzgericht. Ist schon komisch, daß aber auch alles immer abgelehnt
wird. Sie als Finanzamt haben immer Recht.

Jetzt lehnen in meinem Fall schon nicht mehr die Sachbearbeiter ab, sondern sogar der Amtsvorsteher persönlich. Ich kann Ihnen sagen, dieser
Steuerfall ist noch lange nicht abgeschlossen. Ich werde mich und den Fall
an höchster Stelle aufhängen.

Karl Karlsch
Robert-Koch-Str. 24

63069 Offenbach

An das
Finanzamt

Betr.: Ihre freundliche Genehmigung, betteln gehen zu können

Sehr verehrte Damen,
sehr geehrte Herren,

bitte gestatten Sie mir, Ihnen meinen herzlichen Dank für die Genehmigung
zur Bettelei zu übermitteln.

Ich habe mich bisher darauf beschränkt, mich vom Arbeitsamt Offenbach um-
schulen zu lassen. Und verteile noch nebenbei Broschüren der Glaubensge-
meinschaft "ENDE VON TERRA". Für ein Leben ohne Angriff der Natur auf ein
Leben. Allerdings nur im humanoiden Bereich.

Diese Gesellschaft ist gemein nützig. Wieso können Sie dann verlangen, den
Lohn, den ich hier erhalte, als Einnahmen Ihnen gegenüber anzugeben?

In Erwartung einer Antwort Ihres Amtsvorstehers

Ge- und entnervt:

...
halten wir an unserem Einspruch fest. Da aber die Steuerparagraphen, die
ja nicht unbedingt dem Rechtsempfinden des mündigen Bürgers entsprechen
müssen, auf Ihrer Seite sind, werden wir wohl bezahlen müssen. Buchen Sie
diese Beträge einfach vom Konto "Die Dummheit der Steuerehrlichen".

Mit freundlichen Grüßen

An das

Finanzamt Bergheim

28.05.2002

Einspruch gegen ESt 2001

Sehr geehrte Frau Meyer,

in Beantwortung Ihres Schreibens vom 4.4. möchte ich Ihre Feststellungen, die von mir angeschaffte Brille stelle keine Werbungskosten dar, als nicht richtig ansehen.

Gründe:

Die Brille wurde für meinen Bildschirmarbeitsplatz angeschafft. Da ich privat nicht im Besitz eines PC bin, fällt die private Nutzung weg.

Sollten Sie zu dem Ergebnis kommen, daß die Brille zumindest teilweise als beruflich genutzt anzuerkennen sei, hier eine Aufstellung der beruflich bedingten Brillentragezeiten:

Jahrestage	365 x 24 Std.	= 8760 Std.
Schlaf	365 x 8 Std.	= ./. 2920 Std.
verbleibt nutzbare Jahresstunden		5840 Std.

Arbeitsstunden	231 Tg. x 8 Std.	= 1848 Std. = 31,64 %

Anschaffung Brille	1249,- DM	
davon 31,64 % Werbungskosten	= 395,18 DM	

Mit freundlichen Grüßen

Aus einem Brief an das Finanzamt Ulm:

Betr. Einspruch Vorauszahlung von Steuern

Hiermit ersuche ich die Finanzbehörde in Ulm die Ratenzahlung f. Einkommen-, Kirchen- und Solidaritätszuschlag zurückzunehmen!

Es behindert mich in meiner persönlichen Freiheit, außer einmal, dreimal an das Finanzamt erinnert zu werden.

Die Zahlung zum 10.9. führe ich noch aus.

Dieser Steuerzahler beschwert sich:

Daß Sie die Kosten für die Beerdigung nicht anerkannt haben, ist eine Schweinerei. Sterben Sie einmal, dann werden Sie sehen, wie teuer alles ist .

Was klagt ihr über die vielen Steuern.

Unsere Trägheit nimmt uns zweimal soviel ab,

unsere Eitelkeit dreimal soviel

und unsere Dummheit viermal soviel.

Benjamin Franklin

Dr. Müller-Schneider

An das
Finanzamt
Postfach

Sehr verehrte Damen und Herren,

bezugnehmend auf ihr Schreiben vom 16.07.02 bitte ich darum, Nachfolgendes zur Kenntnis zu nehmen:

Mein Doktorvater pflegte im Studium bei falscher Anrede stets zu sagen: „Doktor „X" – Sie wissen gar nicht, welch' steiniger Weg vor Ihnen liegt um diesen Titel führen zu dürfen!"

Ich bitte höflichst darum, meine Anschrift und meinen Titel **korrekt** zu schreiben, ich bin schließlich seit Jahren treuer Steuerzahler mit Einzugsvollmachtserteilung.

Mit freundlichen Grüßen

Finanzamt Marburg
Finanzkasse

Damen und Herren!

ich habe nach der Leistungsfähigkeit ihres Bereiches heute eine Steuererstattung von 1 DM erhalten, die so beschähmend wirkt, wofür man überhaubt
keine Worte findet. Da hat man sein Leben lang gearbeitet und was ist davon übrig geblieben: für 75 jährige Rentner hat das Finanzamt noch eine
Mark übrig.

Ich muß diese grausame Behandlung als Barbarei bezeichnen, und das alles
ist geschehen, weil ein Organ meine Lohnsteuer bearbeitet, das feindlich
eingestellt ist gegen die Regierungspartei CDU/CSU.

Hochachtungsvoll

An das

Niedersächsische Finanzgericht

3000 Hannover 81

14.6.1991

Sehr geehrte Damen und Herren,

die antidemokratische Gesinnung des Finanzbeamten kommt schon dadurch zum Ausdruck, daß Sie selbst vor rechtswidrigen Gewissenprüfungen nicht zurückschrecken. Es wird heute noch vom Steuerpflichtigen verlangt, daß er seine Angaben nicht nur "nach bestem Wissen" macht, sondern auch sein "gutes Gewissen" muß er per rechtsgültiger Unterschrift gegenüber dem Finanzamt offenbaren.

Die Unterschrift und der Dienststempel eines Finanzbeamten sind jedoch soviel wert wie die eidesstattlichen Versicherungen von christlichen Politikern.

Ich beantrage, mein Verfahren nunmehr positiv fortzuführen.

An das

Niedersächsische Finanzgericht

3000 Hannover 81

4.2.1992

Sehr geehrte Damen und Herren,

die Aufforderung, meine Klage zurückzunehmen, grenzt an Nötigung.

Für die Ablehnung der von mir geltend gemachten Aufwendungen wurden irgendwelche unbekannten BFH-Entscheidungen und interne Verwaltungsanweisungen herangezogen.

Bei Verfahren vor Finanzgerichten oder dem Bundesfinanzhof handelt es sich lediglich um "Rechtsbehelfe" und um keine ordentlichen Gerichtsverfahren. Bitte geben Sie den Fall an ein richtiges Gericht ab.

Urteil

im Namen des Volkes

(Auszug)

Aufwendungen für die Haltung eines Katers sind nicht als Sonderbetriebsausgaben abzugsfähig, wenn eine private Mitveranlassung gegeben ist.

(...)

Die Kläger machen geltend, Kater Paul habe zum Sonderbetriebsvermögen gehört, da der Kater einerseits das Bürogebäude mäusefrei gehalten und andererseits der Unterhaltung wartender Mandanten gedient habe.

(...)

Für eine private Mitveranlassung sprechen weiterhin die – insbesondere an Wochenenden und in der Urlaubszeit – nicht unerheblichen Entsorgungsprobleme, die ein solches Tier mit sich bringt. Diese Belastungen nimmt der Halter eines Katers nach Überzeugung des Senats nur auf Grund großer Tierliebe auf sich.

(...)

Die Revision ist nicht zugelassen, weil der Frage, ob die Kosten eines Katers als Sonderbetriebsausgaben abzugsfähig sind, keine grundsätzliche Bedeutung beizumessen ist.

(...)

Der Senat bedauert, daß die durch eine hohe Geschäftsbelastung lange Prozeßdauer eine Entscheidung zu Lebzeiten des verschiedenen Katers Paul verhindert hat.

VIII. Zahlen oder nicht zahlen

Dat census honores.

(Ehrenvoll ist es, Steuern zu zahlen.)

Ovid

Finanzamt Bielefeld-Außenstadt

Mahnung

Herrn
Otto Kalinke
Bismarckstr. 95

33615 Bielefeld

Sehr geehrter Herr Kalinke,

sicherlich ist Ihrer Aufmerksamkeit entgangen, daß

Urschriftlich zurück:

Bitte verzeihen Sie mir, daß ich Sie auf Ihren Irrtum aufmerksam mache. Ich werde nicht in der Lage sein, zu den genannten Terminen zu zahlen. Arbeitslosenhilfe reicht dazu nicht aus.
Ich nehme aber an, Sie haben sich kundig gemacht.
Sollten Sie deshalb auf die Idee kommen, und mir eine Arbeit anbieten, so kann ich mich Ihnen als Henker anbieten.

mit herzlichem Gruß

Wie würden Sie es sagen? So:

Sehr geehrte Damen und Herren,

das ist jetzt schon die 2. ungerechte Mahnung durch Ihr Haus. Wenn das Finanzamt denkt, ich wäre ein dummer Junge, mit dem Sie das machen können, dann sind Sie bei mir genau an der richtigen Adresse!

oder so:

die Umsatzsteuer bitte ich bis Ende des Monats zu stunden. Ich habe bis jetzt immer pünktlich gezahlt und versichere Ihnen, daß ich dieses nicht zur Gewohnheit werden lasse.

oder aber so:

Hochvermögendes Finanzamt,

wegen der Steuer muß ich einmal an Sie herantreten. Ich habe mein Bankkonto überzogen, so daß die Tilgung meiner Steuerschuld nicht zum Vorteil für mich wäre.

Aber haben Sie einmal Matthäus Kapitel 18 Vers 26 gelesen? „Herr, habe Geduld mit mir, ich will Dir's alles bezahlen" steht da. Und weiter in Vers 27 heißt es klipp und klar: „Das jammerte den Herrn des Knechts und er ließ ihn los und die Schuld erließ er ihm auch."

So sollten denn auch Sie gottesfürchtig und bibelfest meine Steuern erlassen.

Mit freundlichen Grüßen

K.-H. Kunz   Papenloh 13
                                                  59069 Hamm

Finanzamt Hamm

Grünstr. 2

59062 Hamm

                                                  17.09.2000

Betr.: Stundungsantrag

Sehr geehrte Frau Hinz,

wir bedanken uns, daß Sie den Stundungsantrag von meinem Vater erneut abgelehnt haben.

Wie Sie richtig erkannt haben, kann er den Betrag nicht aus seinen Einnahmen tilgen. Wenn der Staat meinen Vater schon nicht als kreditwürdig einstuft, glauben Sie denn etwa, eine Bank würde dies tun?

Also bleibt uns nichts anderes übrig, als die Sparkonten meiner Kinder (also der Enkelkinder Ihres Kunden) zu kündigen, damit wir den Steueranspruch meines Vaters begleichen können.

Mit freundlichen Grüßen

Joachim Weismann
Sonnenstr. 21
44139 Dortmund

Finanzamt Dortmund-West
Märkische Str. 124

44141 Dortmund

Sehr verehrte Frau Kaiser,

wie Sie wissen, bin ich seit Juni 1994 arbeitslos und beziehe z.Zt. Arbeitslosenhilfe. Die Arbeitslosenhilfe von 1.640 DM im Monat reicht nicht aus, die laufenden Kosten (Miete usw.) zu decken.

Ich erkläre mich hiermit zahlungsunfähig.

Belege, die meine derzeitige Situation darstellen, kann ich vorweisen. Sobald sich meine finanzielle
Situation gebessert hat, werde ich Sie sofort informieren und die Restforderung begleichen.

Sollte es zu einer Zwangsvollstreckung kommen, geben Sie bitte dem Beamten ein Taschenmesser mit,
damit er mich vom Strick lösen kann.

Mit freundlichen Grüßen

Betr.: Ratenzahlung Ihrer Kraftfahrzeugsteuer
         Ihr Antrag vom 2.5.2001

Sehr geehrte Frau Jäger,

Ihrem o.g. Antrag vermag ich nicht zu entsprechen.

Bei ihrem Charakter als Verkehrsteuer wird die Kraftfahrzeugsteuer ohne Rücksicht auf die persönlichen und wirtschaftlichen Verhältnisse des Steuerpflichtigen erhoben. Wer ein Kraftfahrzeug

Urschriftlich zurück:

Sehr geehrte Frau König,

Ihr Schreiben vom 4/5/01 habe ich zur Kenntnis genommen. Erst einmal möchte ich Ihnen mitteilen, daß das Fahrzeug zwischenzeitlich verschrottet ist. Was meinen Charakter angeht, denke ich, können Sie den wohl kaum beurteilen.

H.G. Beckler   Ahaus, 18.4.99

Finanzamt Ahaus
Vredener Dyk 2
48683 Ahaus

Sehr geehrte Damen und Herren,

ich habe eine Frage an Sie.

Ich weiß, daß bei Ihnen noch Pfändungen über mich liegen. Ich habe viele
Pfändungen bei Ihnen und anderswo und den Überblick verloren.
Ich will nun einmal prüfen, ob und wieviel Gläubiger noch bezahlt werden
müssen.

Können Sie das alles einmal für mich aufschreiben?

Mit freundlichen Grüßen

... beantrage ich die Niederschlagung meines Mandanten.

Zu guter Letzt

Der Staatshaushalt muß
ausgeglichen sein.
Die öffentlichen Schulden müssen
verringert, die Arroganz der Behörden muß
gemäßigt und kontrolliert werden.
Die Zahlungen an ausländische Regierungen
müssen reduziert werden,
wenn der Staat nicht bankrott gehen soll.
Die Leute sollen wieder lernen zu arbeiten,
statt auf öffentliche Rechnung zu leben.

Marcus Tullius Cicero, 55 v. Chr.

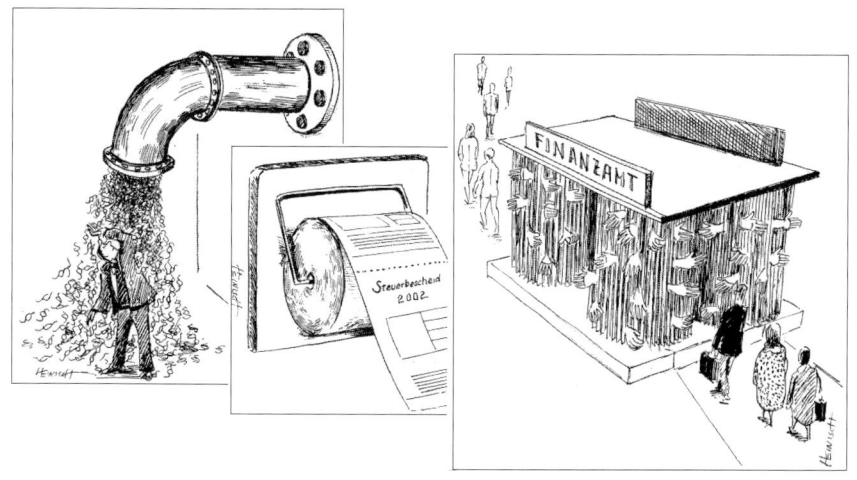

Mögen Sie's Heinisch?

Haben die Karikaturen in diesem Band Sie neugierig gemacht?

Zeichnungen, Grafiken, Bilder geben nicht nur Ihrem Zuhause, sondern auch Ihrer Kanzlei, Ihrer Praxis eine individuelle Note.

Gewähren Sie auch Ihren Mandanten einen heiteren Blick auf das Steuerrecht – so, wie es ist, oder so, wie man es zumindest sehen könnte.

Philipp Heinisch ist Künstler, Maler und Karikaturist, mit juristischer Vergangenheit, die es ihm – sei es in kleiner Zeichnung oder großem farbigem Format – möglich macht, Fiskus und Justitia mit Kennertum und beredtem Pinsel zu kommentieren.

Suchen und finden Sie mit Philipp Heinisch individuelle Lösungen für die Ausstattung Ihrer Praxisräume!

Interessiert? Nehmen Sie Kontakt mit uns auf:

Tel.:   0 23 23 / 1 41 - 2 22
Fax: 0 23 23 / 1 41 - 4 04
E-Mail: v.knura@nwb.de

VERLAG NEUE WIRTSCHAFTS-BRIEFE · HERNE/BERLIN